Lavendel-mädchen

[redacted]

Diana Volkmann

mit Andrea Micus

Lavendel-mädchen

Der Kampf um mein Leben nach dem Missbrauch

Eden

BOOKS

[redacted]

Dieses Buch beruht auf wahren Begebenheiten,
die aus Gründen des Persönlichkeitsschutzes
so weit verfremdet sind, dass
eventuelle Übereinstimmungen mit lebenden
Personen zufällig und nicht beabsichtigt sind.

Prolog

Es ist ein Sommertag wie aus dem Bilderbuch. Der Himmel strahlt in sattem Blau, die Luft fühlt sich an wie Seide, und die ganze herrliche Harz-Landschaft erscheint mir heute wie das Paradies. In voller Pracht stehende Bäume säumen die Straße. Auf den Feldern reift goldgelber Weizen. Idylle pur, die sich in meinem kleinen Heimatort fortsetzt.

Die Dorfstraße hat, so lange ich denken kann, ein Kopfsteinpflaster. Die Häuschen sind bunt gestrichen. In den Vorgärten blühen prächtige Rosen, und dichte Chrysanthemen-Büsche flankieren die frisch gefegten Hauseingänge. Auch auf dem Bürgersteig liegt kein Blatt, kein Stück Papier, nichts. Aus einem Fenster klingt von fern leise Schlagermusik – der einzige Hinweis darauf, dass hier überhaupt jemand lebt. Es ist Sonntagnachmittag fünfzehn Uhr und der malerische Ort menschenleer.

Wir sind zu Gabys Geburtstag eingeladen, der Langzeitfreundin meines Onkels. Wir, das sind David und ich. David ist seit sechs Jahren mein Lebenspartner. Er arbeitet als IT-Fachmann in einer Klinik in Halberstadt und ist mein Traummann. Nicht nur äußerlich attraktiv: groß, schlank, mit dunklen Haaren und einem fein geschnittenen Gesicht, sondern auch charakterlich ein Hauptgewinn: ehrlich, fürsorglich, verantwortungsbewusst und humorvoll. Ich liebe ihn, von ganzem Herzen.

Gaby lebt mit Onkel Frank, dem Bruder meines Vaters, direkt im Dorfkern. Ihr kleiner hellgrüner Bungalow steht etwas versteckt auf einem Gartengrundstück hinter dem Haupthaus, einem ebenfalls gelben Gebäude mit schneeweißen Fenstern und Türen. Hier wohnte früher meine Oma. Seitdem sie im Altenheim lebt, ist das Haus vermietet. Ich kenne die neuen Mieter nicht. Viele Jahre schon bin ich nicht mehr hier gewesen.

Eigentlich wollte ich auch nie wieder zurückkehren. Aber ich mag Gaby. Sie hat viel für mich getan, und als ich gestern ihren Anruf mit der Einladung erhielt, war ich gerührt und habe spontan zugesagt.

Gaby wird fünfzig Jahre alt und hat zu einer der typischen Kaffee-und-Kuchen-Feiern eingeladen. Es wird garantiert Obsttorte geben, dazu Waffeln mit Schlagsahne und heißen Kirschen. Das ist Familientradition. Ich freue mich, Gaby zu sehen. Sie ist eine hübsche Frau und sieht viel jünger aus, als sie ist. Gaby ist mädchenhaft schlank, trägt gern Jeans und Pulli, ihre schwarzen Haare hat sie zu einem flotten Bob schneiden lassen. Zumindest war das vor einem Jahr so, als ich sie zufällig traf. Seitdem habe ich sie nicht mehr gesehen.

David war erst nicht so begeistert von meiner Idee, diesen herrlichen Sommertag ausgerechnet auf einer Geburtstagsfeier meiner Familie zu verbringen. Aber dann habe ich ihn überredet und gemeint, dass wir ja nicht allzu lange bleiben würden.

»Und was ist mit dem Haus?«, hat er besorgt gefragt.

Doch ich habe seine Bedenken sofort weggewischt.

»Das macht mir nichts aus. Wichtig ist, dass Oma nicht kommt. Gaby hat sie bewusst nicht eingeladen.«

David blieb skeptisch.

»Gaby hat es mir versichert«, beruhige ich ihn. »Sie weiß doch, dass ich ihr auf keinen Fall begegnen will!«

Jetzt sind wir gleich da.

»An der nächsten Kreuzung links«, dirigiere ich David durch das Geflecht der engen Dorfstraßen. In Schlangenlinien steuern wir durch die engen Häuserzeilen, vorbei an der alten Heißmangel, dem ehemaligen Friseursalon, dem Gasthof Ritter, in dem es früher immer das leckerste Eis gab, und natürlich dem Konsum, der heute Edeka heißt und mal das Herz des Dorfes war, in dem man Neuigkeiten immer aus erster Hand erfahren konnte. Die Frauen trafen sich an der Wursttheke bei Ingrid, die Männer am Tresen bei Ritters. Ich bin mir heute sicher, dass ich sehr oft Thema des Klatsches war ...

»Soll ich hier einparken?« David sieht mich fragend von der Seite an.

Ich nicke. »Ja, hier, am Zaun. Dahinter wohnen übrigens die Beckers, die hatten früher eine kleine Pferdezucht. Ich weiß nicht, ob sie heute immer noch Tiere halten.«

»Sieht nicht so aus«, meint David mit einem Blick auf das lang gestreckte rot geklinkerte Backsteingebäude. »Die Ställe scheinen leer zu sein. Aber das Haupthaus wirkt bewohnt, alles ist blitzsauber und gepflegt. Da wächst ja kein Halm auf dem Hof«, spöttelt er grinsend.

Ich recke meinen Hals, um besser über den Zaun sehen zu können. »Meinst du? Ich weiß nicht, irgendwie sieht das alles unbewohnt aus. Ob sie auch schon tot sind?«

Die Beckers sind, so lange ich zurückdenken kann, Omas Nachbarn gewesen. Eine große Familie mit vier Kindern. Was wohl aus ihnen geworden ist? Ich habe alle aus den Augen verloren.

David schüttelt den Kopf. »Nee, sieh doch mal, die Nebentür steht offen. Ich denke, die Leute sind hinter dem Haus im Garten und genießen die Sonne. Bei dem Wetter treibt es doch jeden ins Freie.«

Ich sehe David lachend an. »Ja, ja ich weiß, du wärst heute viel lieber spazieren gegangen. Das hast du nun wirklich oft genug angemerkt. Ich habe es kapiert!«

David muss schmunzeln.

»Hast ja recht!«, meint er. »Ich füge mich ab jetzt in mein Schicksal. Also komm, Schatz, wir lassen uns jetzt mal lieber die Waffeln deiner Tante schmecken, und ich bin lieb, versprochen.«

David parkt das Auto nahezu perfekt auf dem kleinen Seitenstreifen, sodass wir die Ausfahrt nicht zuparken und auch nicht das perfekt gepflegte Außenbeet touchieren.

»Kannst du so weit laufen, Schatz«, will David jetzt fürsorglich wissen und steht schon am Kofferraum, um meine Krücken zu holen.

Er ist immer so aufmerksam. Auch das liebe ich an ihm. »Ich verwöhne eine Frau gern«, sagt er häufig.

Ich nehme beherzt die knallroten Krücken, die er mir sogar so hinhält, dass ich beim Aussteigen sofort an die Griffe komme.

Bis zu Gabys Haus sind es nur wenige Schritte.

Auf der rechten Seite, gleich im Anschluss an das Grundstück der Beckers, steht ein Einfamilienhaus mit einem überdachten Eingang und einer großen Sonnenterrasse. Es gehörte mal den Saalmeiers, Heinz und Frieda Saalmeier. Heinz ist 2008 und Frieda 2010 verstorben. Beide waren über achtzig Jahre alt. Ihr Haus ist verkauft. An wen weiß ich nicht. Ich habe nie gefragt. Es interessiert mich auch nicht. Aber es scheinen jüngere Leute zu sein, vermutlich mit Kindern. Denn im Garten liegen zwei kleine Biene-Maja-Fahrräder.

Das Grundstück ist im Gegensatz zu all den anderen supersauberen Gärten fast schon ein bisschen verwildert. Der Holzzaun hat kleine Macken, sogar die Farbe ist an manchen Stellen abgesplittert, und die bunten Sommerblumen wachsen unsortiert durcheinander.

Wenn das Heinz wüsste, schießt es mir durch den Kopf. Der Garten war sein Ein und Alles, er arbeitete immer stundenlang darin. Am wichtigsten waren ihm seine glutroten Rosen. Die hat er in meiner Erinnerung jeden Tag geschnitten, gegossen, gedüngt.

Genauso wie den Lavendel. Es gab ein ganzes Beet davon, damit Frieda genug zum Dekorieren hatte. In der ganzen Wohnung standen dicke Sträuße Lavendel, oft sogar in den passend lilafarbenen Vasen. Aber Frieda liebte nicht nur ihr Aussehen. Sie mochte auch, wenn die ganze Wohnung nach Lavendel roch.

»Geht's noch?« David merkt, dass ich stehen geblieben bin, und hakt mich jetzt kurz unter. Er ist groß und kräftig und kann mich mit seinen starken Armen führen und halten wie ein Kind. Ich vertraue diesen Armen und diesem Mann. Sie geben mir so viel Schutz.

Aber im Moment komme ich allein zurecht. Ich brauche keine Hilfe.

»Ja klar«, sage ich. »Es sind ja nur noch wenige Meter!«

»Sieh mal, der Lavendel. Der blüht ja wie in der Provence«, höre ich David sagen. »Wir haben jetzt schon den Orient und Afrika bereist. Das nächste Mal geht's in die Provence. Ich möchte zu gern mal die riesigen Lavendelfelder sehen. Wie das wohl riecht, wenn auf so großer Fläche alle blühen. Das muss unglaublich schön sein ...«

Der schwere Körper nimmt mir die Luft. Ich kann nicht mehr atmen. »Bitte, gehe zur Seite, bitte«, jammere ich. Ich spüre die knorrige Hand auf meinen Schenkeln, fühle den heißen, nassen Atem an meinem Hals. »Das magst du doch, ich weiß es. Sag, dass du mich lieb hast, jetzt!«

»Diana, Liebling, was ist los?« David steht vor mir, fasst mich mit beiden Händen an den Schultern und sieht mir fest in die Augen. »Liebling? Hallo? Sag doch etwas. Du bist ja ganz weiß. Ist dir nicht gut?«

»Es tut auch nicht weh. Ich glaube, du bildest dir das sowieso alles nur ein. Du musst dich entspannen und nur daran denken, dass wir uns lieb haben ...«

»Diana, Schatz, es geht dir nicht gut. Das sehe ich doch! Komm, ich bringe dich zu deiner Tante ins Haus.«

David nimmt mir eine Krücke ab und stützt mich nun.

»Komm, noch ein paar Meter. Dann gibt es erst einmal einen warmen Kaffee. Der bringt dich wieder in Schwung. Du zitterst ja. Was hast du denn? Du hast doch gesagt, dass es dir nichts ausmacht, das Haus wiederzusehen. Du wolltest doch hierherkommen.«

Ich erwidere nichts. Aber ich weiß ab diesem Augenblick, dass mein Besuch hier ein Riesenfehler ist.

Lavendel! Der ekelige Geruch steckt plötzlich in meiner Nase und geht nicht mehr weg, die ganze Straße riecht auf einmal danach. Er geht von diesem mittlerweile zugewucherten Beet auf Heinz' ehemaligem Grundstück aus. Die dunkellilafarbenen Blüten wachsen trotzig vermischt mit Unkraut und Rosen durch den Gartenzaun hindurch und sind fast mit Händen zu greifen. Heinz war immer so um Ordnung im Garten besorgt, und jetzt wächst hier alles durcheinander.

»Lass uns bitte nach Hause fahren«, sage ich leise und bleibe abrupt stehen. »Es hat keinen Sinn. Es war gut, dass ich jahrelang nicht hier gewesen bin, sehr gut sogar. Ich will weg und weiß jetzt: Ich kehre nie mehr wieder zurück!«

»Und Gaby, was sagen wir ihr?«, wirft David ein. »Wir müssen wenigstens kurz Bescheid geben.«

Ich bekomme kaum mehr Luft. Die Übelkeit hat mich mit aller Macht gepackt. Mein Magen krampft. In meinem Mund spüre ich Flüssigkeit. Und dann dieser bohrende Schmerz.

»David, verzeih«, bekomme ich gerade noch heraus, bevor ich mich übergeben muss. Ich halte mich mit der rechten Hand am Zaun fest, mit der linken umklammere ich die Krücke, und dann bricht alles aus mir heraus und in hohem Schwall auf den Lavendel. Dreimal würgt mein Magen die Reste meines Frühstücks heraus, und danach fühle ich mich so schlapp, dass ich nur noch eins will: nach Hause.

Ich nehme die Krücke, die auf den Boden fiel, wieder hoch und schleppe mich, so schnell es geht, mit Davids Unterstützung zurück zum Auto, wo er mir beim Einsteigen hilft.

»Bitte, schnell weg hier«, flehe ich ihn an und kann nicht erwarten, dass er den Motor anlässt und den Rückwärtsgang einlegt. »Gaby schreibe ich gleich eine Nachricht. Sie wird mich verstehen«, presse ich noch heraus. Weg, nur weg, so schnell wie möglich!

***

»Findest du nicht, dass du etwas übertreibst?« David beobachtet mich sichtlich irritiert und auch etwas genervt. Ich weiß, dass er es nicht mag, wenn ich in einem Restaurant das Besteck abputze. »Das vermittelt dem Besitzer, dass sein Lokal nicht sauber ist«, meint er. Mag sein, aber mir vermittelt fremdes Besteck das Gefühl von Schmutz und Bakterien, und beides will ich vermeiden. Kann man das nicht verstehen?

»Es merkt doch niemand«, sage ich leise und versuche, meine Stimme überzeugend klingen zu lassen. Ich will David heute nicht noch mehr zumuten. Erst habe ich ihn dazu überredet, mit mir den Geburtstag meiner Tante zu feiern, dann weigere ich mich, zu ihr ins Haus zu gehen, übergebe mich stattdessen auf der Straße und verlange dann, dass er mit Vollgas wieder zurückfährt! Ich denke, es reicht für heute.

Zum Trost für den verpfuschten Tag hat er mich nun zum Kaffee eingeladen, und ich habe nichts Besseres zu tun, als ihn mit meinem Sauberkeitsfimmel zu blamieren. Ich muss mich zur Ordnung rufen, sonst ist die Stimmung gleich im Keller.

»Bitte entschuldige mich. Ich gehe zur Toilette!« Mit einem Ruck lege ich das Besteck und die Serviette auf den Tisch. »Bin sofort wieder da!«

»Was möchtest du essen?«, fragt David noch schnell, aber ich tue so, als ob ich die Frage nicht gehört hätte, und steuere ungeduldig die Toilettenräume an.

Das Besteck schien mir wirklich ekelig zu sein, richtig klebrig. Es war einfach nicht richtig gewaschen. Aber irgendwie fühlen sich meine Hände heute auch schmuddelig an. Einfach scheußlich. Ich muss sie waschen, gründlich.

Zum Glück ist der Seifenspender voll, und ich bin allein im Waschraum. Ich genieße das lauwarme Wasser auf meiner Haut, den wohlig nach Rosmarin und Nelken duftenden Desinfektionsschaum. Wir sind in einem Bio-Café, hier legt man Wert auf spezielle Seifen. Für mich das Paradies.

Immer schneller reibe ich meine Hände gegeneinander, nehme immer mehr Schaum, bis sich zwischen meinen Fingern eine dichte, cremige Masse bildet. Durch das Aufschäumen entfaltet die Seife ihren Geruch noch intensiver als sonst. Ich liebe diesen Duft, er wirkt trotz seiner Lieblichkeit antiseptisch und vermittelt mir Sauberkeit, Reinheit, das Gefühl, sich nichts Krankmachendes, nichts Unappetitliches einzufangen.

Immer intensiver knete ich jeden einzelnen Finger, reibe den Schaum auch in die kleinste Hautfalte, und dann halte ich meine Hände unter das reine Wasser und reibe so lange weiter, bis nicht mehr der geringste Schaum auf meiner Haut übrig ist, die Hände sich glatt und sauber anfühlen.

Tun sie das? Nicht wirklich. Ich strecke meine Hand erneut unter den Seifenspender und nehme dieses Mal eine riesige, pampelmusengroße Menge auf meine Handfläche. Allmählich wird es, ich muss noch länger reiben, irgendwann ist dann hoffentlich alles Schmutzige weg, und ich fühle mich rein, zumindest für den Moment.

Manchmal stellt sich das Gefühl von Sauberkeit aber auch gar nicht ein, und ich höre erst auf, wenn sich der weiße Schaum mit meinem blassrosa Blut vermischt und in den feinen Rissen auf der Haut die Seife brennt. Dann habe ich übertrieben, und meine Haut hält die Tortur nicht mehr aus. Das passiert mir immer wieder, und ich muss dann ein paar Tage lang eine starke medizinische Creme auftragen, damit die Haut heilen kann. Dazu benutze ich dann Einmalhandschuhe.

So weit darf ich es heute nicht kommen lassen. David wartet draußen auf mich, und er kann sich genau vorstellen, was ich mache, wenn ich ihn zu lange warten lasse.

Er weiß, dass ich einen Waschzwang habe. Ich stehe neuerdings dazu, spreche zumindest mit Freunden und der Familie offen darüber.

David stört sich nicht wirklich daran. Zumindest lässt er es mich nicht wissen, wenn es so wäre.

»Bei uns ist es wenigstens immer blitzblank«, frotzelt er häufig, wenn ich mal wieder mit einem Putztuch jeden Winkel in der Wohnung abputze. Er sitzt dann am PC und spielt Computerspiele oder surft durch das Netz und lässt mich einfach gewähren. Auch wenn ich mehrfach täglich dusche, lässt er mich machen. Anfangs hat er sich daran gestört, dass ich zu viel Wasser verbrauche. Aber mittlerweile ist das vorbei. Er weiß, dass ich nicht dagegen ankomme, und sagt schon lange nichts mehr dazu.

Aber in einem Lokal stört er sich an meinem Reinlichkeitsfimmel. Es ist ihm peinlich. Ich verstehe das auch.

Mittlerweile stört ihn aber bestimmt auch, dass er allein am Tisch sitzt und auf mich warten muss!

Wir wollten uns einen schönen Sonntag machen und den Tag nach dem Debakel mit einem entspannten Aufenthalt in einem Café retten. Und nun sitzt er mutterseelenallein an einem Gartentisch, und ich stehe am Waschbecken und sehe zu, wie sich das Wasser seinen Weg durch den Schaumberg bahnt. Wem kann so etwas schon gefallen?

Noch einmal, noch einen Durchgang, dann höre ich auf. Dann fühle ich mich auch wieder gut, ganz bestimmt.

»Diana!«, höre ich da Davids Stimme.

Er klopft jetzt auch an die Tür.

»Diana, ist alles okay?«

»Ja, ja, alles gut. Ich komme«, rufe ich laut. »Ich habe mir nur kurz die Hände gewaschen.«

Abrupt drehe ich den Wasserhahn zu, ziehe mit einem Ruck das Papier aus dem Spender und trockne vorsichtig meine angegriffenen Hände. Die Haut ist mittlerweile ganz aufgeweicht und an manchen Stellen richtig durchgescheuert. Verdammt! Das wird wieder schmerzhaft.

Als ich die Tür öffne, laufe ich David direkt in die Arme.

»Bist du sauer?«, frage ich direkt.

»Ach nein, es ist alles gut.« Seine Stimme klingt verständnisvoll. »Ich habe mir nur Sorgen gemacht. Du warst fast zwanzig Minuten weg.«

»Ach, die Zeit vergeht heute wie im Flug«, plappere ich drauflos und habe Angst, dass David mir Vorwürfe macht. Aber er ist ganz ruhig, richtig liebevoll.

»Ich habe uns Kuchen bestellt. Komm jetzt, lass uns den Tag genießen.«

Am Tisch wechselt er sofort das Thema.

»Was hältst du davon, wenn wir nach Kuba fliegen?«, fragt er unvermittelt. »Das hat dir doch im Fernsehen so gut gefallen.«

David ist supersüß. Er weiß, dass es mir nicht guttut, wenn ich so lange meine Hände wasche, und will mich auf andere Gedanken bringen.

»Du, sieh mal.« David hält mir sein Handy hin. »Ich habe gerade das Hotel hier gefunden. Wie findest du das? Schau mal, die haben einen Pool direkt mit Meerblick, und der Flug ist im Verhältnis zu vergleichbaren Angeboten spottbillig. Nächstes Jahr können wir das finanziell schaffen.«

»Sofern ich bis dahin einen Job habe«, unterbreche ich seine Schwärmereien. »Im Moment bleiben wir lieber hier am Baggersee.«

David schmunzelt. »Ja, diesen Sommer ist das auch keine schlechte Idee. Aber im nächsten Jahr möchte ich wieder etwas sehen, etwas erleben. Ich habe schon richtiges Fernweh.«

»Mal schauen«, weiche ich aus.

»Das klappt schon.« David ist hartnäckig.

»Seitdem du die Reha absolvierst, geht es dir jeden Tag besser. Du machst Fortschritte, wirklich, und findest garantiert bald eine Arbeit. Hast du denn schon eine Vorstellung, was du machen möchtest.«

»Ja klar!« Ich nicke. »Ich möchte in einem Büro arbeiten. Das gilt nach wie vor und wäre toll. Ich weiß nur noch nicht genau, wo: in einer Klinik, einer Firma, einer Behörde. Ich kann mir aber auch eine Arbeit am Empfang vorstellen. Auf jeden Fall traut mir die Rentenkasse schon einen Halbtagsjob zu. Und stufenweise kann es dann sogar mehr werden. Ich soll erst einmal sehen, wie lange mein Körper funktioniert. Wenn es gut klappt, ist später vielleicht sogar eine Umschulung möglich. Ich gebe mir jedenfalls große Mühe.«

»Das machst du doch immer«, sagt David und lächelt mich an. Er nimmt meine Hand und drückt sie aufmunternd.

Das Gespräch über meine Zukunft tut mir gut. Ich habe jetzt nicht mehr das drängende Gefühl des Beschmutztseins und genieße den leckeren Zitronenkuchen und meinen herrlichen Cappuccino.

***

»Kannst du nicht schlafen?«, fragt David und dreht sich unruhig auf die Seite. Hoffentlich habe ich ihn nicht geweckt. Aber wenige Momente später schon höre ich ihn wieder leise schnarchen.

Gott sei Dank! David braucht seinen Schlaf. Er hat eine harte Woche vor sich und muss ein wichtiges Projekt abschließen.

Wir sind deshalb bereits um zweiundzwanzig Uhr ins Bett gegangen. Jetzt zeigen die großen Ziffern des Digitalweckers in leuchtendem Rot 2.30 Uhr, und ich habe noch kein Auge zubekommen. So viele Dinge gehen mir durch den Kopf: Bekomme ich nach mehreren Jahren im Krankenstand bald wirklich einen neuen Job? Kann ich irgendwann vielleicht sogar eine weitere Ausbildung machen in einem Beruf, der mir gefällt? Als Friseurin kann ich nicht mehr arbeiten.

Im Augenblick bekomme ich nur ein Übergangsgeld. Ich möchte aber so gern wieder ein eigenes sicheres Einkommen.

Ich bin jetzt hellwach. Um David nicht zu stören, schleiche ich mich vorsichtig aus dem Bett, setze mich in der Küche an den Tisch und stelle das Radio an. Ich bin nachts regelmäßig hier und höre am liebsten MDR. Die Moderation hat eine beruhigende Wirkung auf mich. Sie vermittelt mir, nicht allein zu sein. Es ist schön, den Leuten im Studio zuzuhören und sich von ihnen durch das Programm führen zu lassen. Es ist ein bisschen so, als säße man gleich nebenan, so, als ob man befreundet sei.

Bleib still liegen, mein Herz,
Erschreck dich nicht
Ich bin ein Freund
Der zu dir spricht.

Im Radio spielen sie gerade mein Lieblingslied von Unheilig.

Hast mir gezeigt
Was wirklich wichtig ist
Hast ein Lächeln gezaubert
Mit deinem stillen Blick
Ohne jedes Wort
Doch voll von Liebe und Leben
Hast so viel von dir
An mich gegeben.

Ich liebe diesen Text. Er hört sich an, wie für mich geschrieben.

Ich fang ein Bild von dir
Und schließ die Augen zu
Dann sind die Räume nicht mehr leer
Lass alles andere einfach ruhen
Ich fang ein Bild von dir
Und dieser eine Augenblick
Bleibt mein gedanklicher Besitz
Den kriegt der Himmel nicht zurück.

Fast jede Nacht sitze ich hier vor dem Radio und höre Musik. Meistens surfe ich dabei noch im Internet, sehe mir Modetipps an oder lese Rezepte. Ich mag diese Ruhe der Nacht, diese Stimmung. Wenn alles schläft, die Stadt dunkel ist, dann fühle ich mich in meiner Wohnung wunderbar geborgen. Sie ist mein Nest, sie gibt mir Sicherheit. Ist Schutz vor der Welt da draußen. Aber es wird mir in diesen Stunden auch schmerzlich klar, dass ich so nicht weitermachen kann. Ich kann mich nicht mein Leben lang verstecken, zurückziehen, allein sein wollen.

Ich bin Anfang dreißig und will nicht die nächsten Jahre in dieser Wohnung verbringen. Ich will endlich ein großes, starkes Mädchen sein, eine Frau, die ihren Weg geht – ohne Angst und all die schlimmen Gespenster aus der Vergangenheit, die mich ständig begleiten. Ich will nicht länger über diese Vergangenheit, die mich bis heute prägt, nachgrübeln. Sie ist vorbei und nicht zu ändern. Was zählt, ist die Zukunft, das, was vor mir liegt. Darum geht es mir. Ich will nach vorn sehen und endlich Normalität in meinem Leben haben. Deshalb will ich auch wieder arbeiten.

Der Hals über Kopf abgebrochene Besuch bei Gaby ist ein Rückschlag. Ich hatte wirklich gedacht, dass ich bei ihr am Tisch sitzen könnte und es mir nichts ausmachen würde, aus dem Fenster auf Heinz' Haus zu sehen. Da habe ich mich überschätzt. Aber es ist nur ein kleiner Rückschritt, mache ich mir Mut. Ich lecke jetzt meine Wunden, und morgen geht's wieder weiter – und aufwärts.

Ich stehe am Fenster und sehe hinaus in die Nacht. Draußen fährt ein Auto vorbei. Über die Dächer hinweg kann ich die Umrisse des Kirchturms sehen. Ich schaue in die Dunkelheit und bin stolz auf mich. Ich weiß, dass ich schon viel erreicht habe. Ich bin aus der Dunkelheit herausgetreten, die mein Inneres erfüllt, und habe nach und nach den Vorhang zur Seite geschoben, damit sichtbar wird, was mir zugestoßen ist. Was man mir angetan hat.

Das war der erste Schritt in mein neues Leben. Aber es war nur der Auftakt. Um mit der Erinnerung an das Grauen wirklich leben zu können, wird noch viel Zeit vergehen, in der ich um meine Zukunft kämpfen muss, wird noch viel Kraft nötig sein, um das Geschehene zu bewältigen.

Doch ich werde es schaffen. Ich glaube ganz fest daran. Dafür aber ist es wichtig, dass ich endlich offen ausspreche, was passiert ist …

Kapitel 1

»So, meine Kleine, heute gibt es dein Lieblingsessen: Gehacktesstippe mit dunkler Soße und Kartoffelbrei.« Tante Frieda stellt mir den Teller mit dem leckeren Essen hin und streichelt mir dabei liebevoll über den Kopf.

Meine Güte, ich kann gar nicht in Worte fassen, wie ich diesen Geruch liebe. Gehacktesstippe, die macht niemand so gut wie Tante Frieda. Ich könnte sie täglich essen. Und der Kartoffelbrei ist einfach fantastisch. Bei Oma schmeckt er längst nicht so gut.

Ich bin fünf Jahre alt, und seit einigen Monaten gehe ich jeden Mittag zu Onkel Heinz und Tante Frieda. Es war Omas Idee. Bislang hat sich Opa immer um mich gekümmert. Aber er hatte Krebs und war sehr lange krank. Jetzt ist er gestorben.

Deshalb ist niemand mehr zu Hause, der auf mich aufpassen kann. Oma arbeitet in den nahe gelegenen Harzer Werken, einer Fabrik für Motorentechnik. Sie ist dort in der Küche. Das passt zu ihr, denn sie kocht für ihr Leben gern. Opa hat auch bei den Harzer Werken gearbeitet. Er war Heizer und hat in vier Schichten dort gearbeitet. Wenn die Zeiten passten, sind sie morgens immer zusammen dorthin gegangen. Es sind nur ein paar Schritte.

Ich könnte auch den ganzen Tag im Kindergarten bleiben. Er ist ja bis neunzehn Uhr geöffnet. Aber Oma meint, ich solle mittags nach Hause kommen und zu Heinz und Frieda gehen, die direkt gegenüber wohnen. Dort bekomme ich Mittagessen und kann so lange bleiben, bis Oma mich abholt.

Gern wäre ich auch zu meinen Eltern gegangen, die nur fünf Gehminuten vom Kindergarten entfernt wohnen. Aber Mama und Papa haben keine Zeit für mich. Mama putzt in einer Firma in Halberstadt, und Papa ist Pferdepfleger auf einem Gehöft hier in der Nähe.

Anfangs haben wir alle in Omas Haus gewohnt. Meine Eltern hatten dort aber nur ein Zimmer, in dem auch ich geschlafen habe. Das wurde ihnen schließlich zu eng, und als sie im Ort eine kleine Wohnung bekommen konnten, sind sie ausgezogen. Ich wollte gern mitkommen, aber Mama meinte, ich sei bei Oma besser versorgt.

Sie haben mich einfach in dem großen Zimmer zurückgelassen. Es ist nicht mal umgeräumt worden. Ursprünglich war es das Schlafzimmer von Oma und Opa, und so sieht es auch noch aus. Ich habe jetzt ein riesengroßes Doppelbett aus dunklem Holz für mich ganz allein, dazu einen gewaltigen Kleiderschrank, zwei Nachttische, eine Holztruhe und ein kleines Tischchen mit Stuhl und fühle mich ziemlich verloren. Zumal Oma nicht viel mit mir macht. Wenn sie von der Arbeit kommt, essen wir zusammen, und dann setzt sie sich vor den Fernseher und sieht sich Krimis an, am liebsten amerikanische mit Columbo. Dazu trinkt sie ein Glas Wein oder Bier. Stören darf ich sie dann nicht mehr. Sonst wird sie ärgerlich.

Oma möchte, dass ich abends in meinem Zimmer bleibe. Damit ich nicht das Bad benutzen muss, hat sie mir einen Putzeimer neben das Bett gestellt, um Pipi zu machen.

Aber manchmal habe ich noch Hunger und möchte mir aus der Küche etwas zu essen holen. Das mag sie jedoch gar nicht und schimpft sofort. »Du hättest am Tisch essen können. Jetzt gibt es nichts mehr!«, meint sie dann barsch und schickt mich sofort zurück in mein Zimmer.

»Kinder brauchen klare Ansagen«, meint sie immer. »Sonst tanzen sie einem auf der Nase herum!«

Ich tanze ihr nie auf der Nase herum. Ich traue mich das gar nicht. Denn Oma ist streng und oft auch brutal. »Ihr rutscht schon mal die Hand aus, aber sie meint es nicht so«, sagt Mama immer entschuldigend. Sie weiß es vielleicht nicht, aber Oma rutscht nicht nur die Hand aus. Wenn ich in ihren Augen frech bin, schlägt sie mit allem, was sie in die Finger bekommt. Am liebsten mit ihrem Teppichklopfer. Anfangs habe ich vor Angst und Schmerzen geschrien und gehofft, dass sie dann aufhört. Aber das interessiert sie nicht. Sie hört erst auf, wenn ich mich nicht mehr wehre und keinen Mucks von mir gebe. Dann darf ich ins Bett und liege dort und warte darauf, dass die Schmerzen aufhören.

Das tun sie aber nicht immer. Einmal konnte ich tagelang nicht richtig laufen, weil mir mein Rücken so wehtat. Aber Oma hat mir gesagt, dass ich im Kindergarten nichts erzählen dürfe. Sonst bekäme ich eine »richtige Tracht Prügel«, so, wie ich es noch nie erlebt hätte. Ich kann mir vorstellen, was dann passiert.

Also sage ich nichts und versuche, es Oma immer irgendwie recht zu machen. Dann lässt sie mich in Ruhe. Aber es klappt nicht immer. Wenn ich zum Beispiel beim Essen ein Glas umstoße, mein Spielzeug abends nicht in einer Kiste verstaue oder meine Haare nicht so kämme, wie sie es mag, rastet sie aus, beschimpft und schlägt mich. Ich bin froh, wenn es dann nur die Hand ist.

Oma ist aber nicht nur bei mir so brutal. Sie ist auch zu meinem Vater und ihrem anderen Sohn, Onkel Frank, so und auch zu meiner Mutter. Vermutlich sind deshalb auch alle ausgezogen, und ich muss hierbleiben, damit sie nicht allein ist. Zumindest hat Oma das mal gesagt.

Wir haben zusammen in der Küche gesessen. Sie hat abgewaschen, ich habe gemalt. Mama war kurz vorher zu Besuch da, und ich habe geweint, weil sie mich nicht mitgenommen hat.

Oma hat mich getröstet und gemeint: »Ich brauche dich doch bei mir. Wenn du auch noch ausziehst, kann ich ja gleich sterben.« Und dann hat sich mich gefragt, ob ich das vielleicht wolle.

Natürlich nicht!

An dem Abend war sie auch richtig lieb zu mir. Wir haben noch Plätzchen gebacken. Ich durfte den Teig auf das Backbrett streichen; später, als die Plätzchen aus dem Ofen kamen, hat Oma mir bunte Zuckerstreusel und farbige Dekorationspaste gegeben, und ich durfte alles verzieren.

Am nächsten Tag waren wir gemeinsam in einem Tierpark. Oma ist mit mir im Bus dorthin gefahren. Das war richtig schön. Ich habe Rehe gesehen und Wildschweine, und ich durfte kleine Ziegen füttern.

Auf dem Heimweg hat sie mir ein Eis gekauft.

»Siehst du, bei Oma ist es auch ganz schön«, hat sie auf der Heimfahrt gesagt und die ganze Zeit meine Hand gehalten.

Aber sie ist selten so freundlich, lacht wenig und sieht auch schon richtig brummig aus. Oma ist klein, pummelig und trägt meistens die langen, altmodischen Sachen ihrer längst verstorbenen Mutter auf. Sie legt keinen Wert auf Äußerlichkeiten. Ihre Haare sind kurz und lockig, aber auch oft strähnig. Doch das ist ihr egal.

Manchmal denke ich, sie will gar nicht hübsch sein. Ich weiß nicht, warum sie so ist.

Und ich kann mir auch nicht erklären, warum für sie immer alles schlecht ist. Sie scheint einfach keine Freude am Leben zu haben und lässt es jeden spüren, der in ihrer Nähe ist.

Ich habe oft das Gefühl, ihr lästig zu sein, und wäre am liebsten unsichtbar, damit ich sie nicht störe oder gar ihren Zorn auf mich ziehe. Glücklich bin ich bei ihr selten.

Bei Onkel Heinz und Tante Frieda ist das anders. Da fühle ich mich pudelwohl. Sie sind beide immer gut gelaunt und freuen sich richtig, wenn ich komme.

»Da ist ja unsere kleine Prinzessin«, sagt Heinz immer, wenn ich vor der Tür stehe, und dann hat er schon eine Idee, was wir gemeinsam unternehmen könnten. Meistens gehen wir in den Garten, und ich helfe ihm beim Blumenpflanzen, oder wir gießen zusammen die Beete. Ich durfte mir sogar schon ein eigenes kleines Beet anlegen mit meinen Lieblingsblumen, gelben Minirosen, die ich mir aus einer großen Kiste aussuchen konnte. Noch ist dort nur Erde, aber in ein paar Wochen wird alles blühen, in dunklem Rot und leuchtendem Gelb. Das hat mir Heinz zumindest versprochen.

Es gibt bei den beiden auch niedliche Kaninchen, die ich füttern kann. Sie heißen Tom und Jerry. Eines ist ganz schwarz und das andere braun. Sie sind total süß, und ich darf sie streicheln. Heinz und ich haben auch schon zusammen ihre Ställe sauber gemacht. Mittlerweile kann ich es sogar allein.

Ich darf auch bei den Hühnern Eier einsammeln und mit Heinz das Werkzeug sortieren. Es ist immer etwas los, und jeder Tag macht Spaß.

Heinz macht lustige Scherze und erzählt ständig Witze. Aber er kann auch Tierstimmen nachahmen. Manchmal grunzt er wie ein Schwein, piept wie ein Vogel, gackert wie ein Huhn oder bellt wie ein Hund. Vor Kurzem haben wir das beide zusammen im Garten gemacht und uns hinterher über uns selbst kaputtgelacht. Ich kenne niemanden, der so spaßig ist wie Onkel Heinz.

Mit Tante Frieda koche ich immer. Sie macht mir leckeren Vanillepudding, und ich darf die Milch dazugeben und kräftig aufschlagen. Seitdem ich dort bin, gibt es jeden Tag Vanillepudding, und das nur, weil ich ihn so gern esse.

»Du bekommst ihn, solange du magst«, hat Tante Frieda gesagt, und dann hat sie mich in den Arm genommen und ganz fest gedrückt.

Ich mag Heinz und Frieda. Bei ihnen ist das Leben schön. Sie schreien mich nie an, und die Zeit mit ihnen vergeht wie im Flug.

Sie selbst haben keine Kinder und sagen immer: »Du bist jetzt unsere Tochter!« Ich freue mich riesig darüber.

Oft träume ich davon, für immer bei Heinz und Frieda bleiben zu können, weil sie einfach so lieb zu mir sind. Außerdem besitzen sie ein wunderschönes Haus, in dem alles hell und sonnig ist und nicht so muffig wie bei Oma.

Sie haben eine ganze neue schneeweiße Küche, ein Esszimmer mit einem großen hellen Lacktisch und eine riesengroße Stube mit zwei Sofas, einem Ecksofa zum Fernsehen und einem kleineren zum Lesen. Es steht etwas versteckt in der Ecke, direkt neben einem Regal.

Im ganzen Haus duftet es immer nach frischen Blumen. Frieda dekoriert gern, hat überall im Haus Vasen mit dicken Rosensträußen und üppigen Gestecken aus Lavendel stehen. »Blumen machen glücklich«, sagt sie oft und liebt es, ganz geduldig die verblühten Blätter aus den Sträußen zu zupfen. Oft summt sie dabei fröhlich vor sich hin.

Frieda ist so ganz anders als Oma. Auch äußerlich. Frieda macht sich gern hübsch, trägt modische Hosen und Pullis, dazu etwas Schmuck, eine Kette, Ohrringe. Ihr Haar ist schulterlang, und sie steckt es sich regelmäßig hoch. Manchmal darf ich ihr sogar dabei helfen.

Heinz ist auch immer schick angezogen, trägt Jeans, Karohemden und Turnschuhe. Er ist schlank wie Frieda, obwohl die beiden gern und viel essen. Mit seiner Halbglatze, den kurzen weißen Haaren und seiner feinen goldfarbenen Brille sieht er ein bisschen aus wie unser Bürgermeister.

Beide trinken übrigens nie Alkohol, zumindest habe ich das noch nie gesehen. In meiner Familie ist das anders. Bei uns wird viel getrunken, Bier- und Schnapsflaschen stehen eigentlich immer auf dem Tisch. Und entsprechend lautstark geht es dann zu, es wird wild durcheinandergeredet, und manches Mal gibt es auch richtigen Streit.

Heinz und Frieda sind stiller, ruhiger, freundlicher. Ich mag das lieber, viel lieber.

Heute haben sie sogar eine Überraschung für mich.

Ich komme gerade aus dem Kindergarten und merke sofort, dass etwas anders ist. Die beiden stehen nämlich im Flur und kichern merkwürdig.

»Na, Prinzessin, geh jetzt mal in die Stube. Da steht was für dich!«

Ich bin total aufgeregt, denke an ein Geschenk. Vielleicht ist es etwas Kleines, Süßigkeiten oder ein Kuchen. Vielleicht ist es aber auch etwas Größeres. Ein paar Schuhe? Die wünsche ich mir so sehr.

Meine eigenen sind nämlich bereits ziemlich alt, und ich schäme mich schon länger damit. Ich hätte so gern neue, und Onkel Heinz weiß davon. Er mag nämlich meine alten auch nicht mehr.

Ich hätte auch gern eine neue Hose. Meine ist vom letzten Jahr und längst viel zu eng. Aber Oma meint, sie reiche noch und ich solle nicht ständig Sonderwünsche haben.

Ich bin also richtig aufgeregt, als ich in die Stube gehe – und dann stehen da wirklich nagelneue Schuhe. Wunderschöne, in Dunkelrot mit passenden Schnürsenkeln. Es sind die schönsten Schuhe, die ich jemals gesehen habe. Niemand im Kindergarten hat solche, da bin ich mir ganz sicher. Überglücklich probiere ich sie gleich an. Ich bin so glücklich!

Aber es sind nicht nur Schuhe dort. Es steht auch ein großer Packkarton auf dem Teppich. Offenbar ist der auch für mich.

Fragend sehe ich zu den beiden hinüber. Ich weiß ja nicht, ob ich hineinsehen darf.

»Na los, mach den Karton auf«, fordert mich Heinz jetzt auf, und ich klappe vorsichtig die Seitenteile auf. Und dann sehe ich ihn, einen wunderschönen Puppenwagen in leuchtendem Pink, mit geblümter Decke und weißen Rädern.

»Für mich?«, frage ich und starre Heinz und Frieda ungläubig an.

Heinz nickt. »Der gehört jetzt dir! Probier mal, ob du ihn schieben kannst.«

»Gefällt er dir denn?«, will Frieda wissen.

Ich bekomme vor lauter Freude kein Wort heraus und rühre mich nicht von der Stelle.

Heinz nimmt schließlich meine Hand und hilft mir, das Prachtstück aus dem Karton zu heben. Und erst jetzt sehe ich, dass auch eine Puppe in dem Wagen liegt. Sie hat blonde Zöpfe und trägt einen rosa Schlafanzug.

»Komm, nimm sie mal hoch«, fordert Heinz mich auf. »Sie will, dass du sie ganz doll lieb hast.«

»Das tue ich auch, ganz bestimmt«, schluchze ich auf und kann die Freudentränen nicht mehr aufhalten.

Ich nehme die Puppe aus dem Wagen und drücke sie fest an mich. Für mich ist das alles hier ein Traum. Ich stehe in diesem eleganten Zimmer, und all meine geheimsten Wünsche sind plötzlich wahr geworden. Ich habe wunderschöne Schuhe, einen prächtigen Puppenwagen und eine Puppe, an die man einfach sein Herz verlieren muss.

»Wie soll die denn heißen?«, fragt Heinz, und Frieda kniet sich zu mir auf den Boden und macht mir Vorschläge.

»Was hältst du von Lisa? Oder Bärbel?«

»Mir gefällt Bärbel«, wirft Heinz ein.

»Oh ja, Bärbel!«, rufe ich sofort, lege meine süße Bärbel zurück in den Wagen und fahre sie stolz damit durchs Zimmer.

»Sieh mal, sie kann sogar die Augen schließen«, erklärt mir Frieda später noch und zupft mit zwei Fingern das Puppen-Shirt zurecht. »Du musst schön aufpassen, dass deine kleine Bärbel nicht friert«, sagt sie und lacht mich dabei an.

Ich kann mich nicht erinnern, mich schon einmal so gefreut zu haben. Ich spiele auch bei Oma mit einer Puppe, aber die ist alt, ich glaube, noch von meiner Mutter. Sie trägt abgewetzte Kleidung und kann weder die Augen schließen wie Bärbel noch »Gute Nacht« sagen wie diese. Ich liebe Bärbel!

»Und jetzt gehen wir zu viert in den Garten. Frieda und ich und Bärbel und du, in Ordnung?«, schlägt Heinz dann vor. Doch Frieda hat andere Pläne. »Kommt, wir setzen uns erst an den Tisch. Ich habe uns zur Feier des Tages einen leckeren Kuchen gebacken. Aber lege Bärbel jetzt noch nicht unter die Decke. Es ist zu warm draußen.«

Frieda streichelt mir dabei liebevoll über das Haar. Eine Berührung, die ich regelrecht aufsauge. Ich kenne so viel Zuwendung nicht.

Am nächsten Tag gehe ich sogar noch früher zu Heinz und Frieda. Wir wollen zusammen den Zaun streichen. Darauf freue ich mich riesig. Aber erst esse ich mich an der Gehacktesstippe satt. Ich habe zwar schon die dritte Portion auf dem Teller und bin längst nicht mehr hungrig, doch es schmeckt einfach so lecker.

Onkel Heinz hat vor dem Streichen noch eine neue Idee. Er möchte jetzt, dass wir uns mittags immer alle hinlegen und einen Mittagsschlaf machen.

»Nach dem Essen ist man müde, Prinzessin. Da legen wir uns alle etwas hin. Wir machen ein bisschen die Augen zu, entspannen, und anschließend gibt es dann leckeren Kakao und ein tolles Stückchen Apfelkuchen, in Ordnung?«

»Schlafen, jetzt? Ich bin gar nicht müde«, erwidere ich wie aus der Pistole geschossen. Aber dann fällt mir ein, dass wir im Kindergarten nach dem Essen ebenfalls schlafen müssen.

»Willst du das auch, Tante Frieda?«, frage ich und sehe sie fragend an. Sie nickt mir zu, während sie aufsteht und den Tisch abräumt.

Schnell nehme ich meinen Teller und bringe ihn zur Spüle. Ich helfe ihr gern.

Wir drei haben eine richtige Arbeitsteilung.

Sie spült, und ich trockne ab, und Onkel Heinz liest dabei in der Zeitung.

»So, jetzt ist die Küche blitzblank«, meint Frieda nach getaner Arbeit. »Ich bin nun sehr müde und lege mich ein bisschen ins Bett.«

Heinz und Frieda schlafen getrennt. Er hat sein Zimmer im ersten Stock, direkt neben dem Bad, und Frieda schläft in einem Zimmer neben der Küche. Es ist ganz klein, nur mit einem schmalen Bett und einem Kleiderschrank möbliert. Aber Frieda gefällt es. »Es ist mein eigenes kleines Reich«, betont sie. »Da sehe und höre ich nichts von der Welt und bin ganz für mich. Du bist doch auch gern in deinem Zimmer, oder?«

»Ja, aber meins ist größer«, platzt es aus mir heraus. »Und ich habe etwas Spielzeug darin.«

»Ich habe auch etwas, das ich gern in meinem Zimmer mache. Ich stricke gern. Deshalb habe ich viel Wolle da. So gern, wie du spielst, so gern stricke ich.«

Mit einem Rück öffnet sie die große Schublade neben dem Kühlschrank.

»Warte mal, ich habe noch etwas für dich«, meint sie, und dann holt sie eine große Tüte Gummibärchen heraus.

»Hier, nimm. Ein bisschen was geht ja bestimmt noch in deinen Bauch.«

Frieda tätschelt mir jetzt liebevoll die Wange, gibt mir einen Kuss auf die Stirn – und plötzlich hält sie mich ganz fest. So fest, wie sie es noch nie getan hat. Und dann spüre ich, dass ihre Tränen über meine Hand laufen.

Warum weint sie bloß?

»So, jetzt leg dich schlafen. Heinz wartet schon.«

Frieda hat sich ein Taschentuch genommen und schnäuzt sich die Nase.

»Ich glaube, es sind die Pollen. Die schwirren in diesem Jahr besonders heftig herum.«

»Kommst du?«, ruft da auch schon Heinz.

Ich gebe Frieda noch einen Kuss auf die Wange, und dann laufe ich zu ihm.

Mit weit ausgebreiteten Armen sitzt er auf dem kleinen Sofa in der hinteren Ecke des Zimmers und strahlt mich an. Er hat seine Schuhe schon ausgezogen und eine Decke für uns ausgebreitet.

Klack! Frieda zieht mit einem ungewohnt lauten Geräusch die Zimmertür hinter sich zu. Wir sind allein!

»Meine Prinzessin, da bist du ja!«, sagt Heinz und nimmt mich fest in den Arm. Er streichelt mir liebevoll über den Rücken, meinen Po, die Beine. Dann schiebt er mich mit beiden Händen von sich weg und mustert mich mehrmals von Kopf bis Fuß.

»Du bist ja fast schon ein kleines Fräulein«, sagt er anerkennend, nachdem er mich so gemustert hat.

Ich kichere vergnügt und bin stolz, dass er »kleines Fräulein« zu mir sagt.

»Nun zieh mal deine Hose und die Strickjacke aus. Das ist ja sonst zu unbequem.«

Mit flinken Fingern öffnet er den Reißverschluss meiner Hose, wenig später auch die Knöpfe meiner Jacke. Ich schäme mich ein bisschen in meiner Unterwäsche. Sie ist ja nicht mehr ganz neu. Aber Heinz scheint das gar nicht zu merken. Er hebt mich ganz sanft hoch und legt mich auf das Sofa, rutscht dann direkt hinter mich.

»So, jetzt machen wir es uns richtig gemütlich.«

Komisch, Heinz' Stimme klingt irgendwie anders. Auch seine Hände fühlen sich fremd an. Er streichelt mich, an meinem Bein entlang bis zur Hüfte, immer wieder und wieder, auf und ab. Das hat er noch nie so gemacht. Es ist nicht liebevoll, es ist anders, und ich mag es nicht und versuche aufzustehen. Aber Heinz hält mich auf einmal fest, drückt meinen Körper mit seinem großen kräftigen Arm an sich. Ich fühle mich gefangen und will nur noch weg.

»Lass mich!«, presse ich heraus. Ich habe plötzlich große Angst vor ihm.

»Sag einfach, wie ich dich streicheln soll. Du musst sagen, was du magst.«

Ich verstehe nicht. Was will er bloß von mir?

Es ist Heinz' veränderte Stimme, das Festhalten und sein jetzt schwerer werdender Atem – all das macht mir Angst. Er riecht aus dem Mund nach Gehacktesstippe, aber jetzt mag ich den Geruch gar nicht mehr. Im Gegenteil, es wird mir schlecht davon.

Ich will weg und strample ganz fest mit den Beinen. Aber Heinz drückt mich immer fester an sich. Was soll das? Ich will das nicht.

»Lass mich, bitte, bitte«, jammere ich. Warum hört denn Frieda nichts? Sie kann mir doch helfen!

Heinz atmet immer schneller. Sein Körper zuckt kurz. Was hat er bloß? Ist er krank?

Doch dann ist er plötzlich wieder ganz ruhig, zieht meinen Kopf sanft an seine Brust und flüstert mir »Ich habe dich lieb« ins Ohr.

Warum sagt er das jetzt? Vermutlich tut es ihm leid, dass er mich festgehalten hat.

»Ich habe dich auch lieb«, antworte ich nach einer Weile zögerlich, aber nur ganz leise. Ich bleibe starr liegen, damit er mich nicht wieder so fest umklammert wie gerade eben. Ich mag das nicht. Es tat nicht weh, aber so nah ist mir noch nie jemand gekommen.

In unserer Familie kuscheln wir nicht so eng. Meine Oma, meine Eltern, die sind anders, nehmen mich nie in den Arm. Nur mein Opa, der hat mich immer in den Arm genommen. Ich bin sogar manches Mal auf seinem Bauch eingeschlafen. Es war schön, wenn sich sein Brustkorb dabei immer ganz gleichmäßig hob und senkte. Er hat mir zudem Lieder vorgesummt und mich damit ganz schnell ins Reich der Träume befördert.

Das war jedoch ganz anders als jetzt mit Heinz. Bei Heinz fühle ich mich nicht wohl.

Zum Glück höre ich ihn jetzt gleichmäßig atmen. Er ist eingeschlafen, und so hebe ich vorsichtig den Kopf von seiner Brust hoch, schiebe mich von ihm weg, ganz eng an die Sofalehne, sodass sich unsere Körper nicht mehr berühren.

Ich weiß nicht, wie lange ich so liege, das Polster anstarre und nur darauf hoffe, dass Tante Frieda aufsteht und mich endlich erlöst. Wenn sie da ist, wird sie sehen, dass ich mich nicht wohlfühle, ganz sicher. Dann holt sie mich hier weg und gibt mir Kakao und Kuchen.

Aber Tante Frieda kommt nicht, und es dauert eine Ewigkeit, bis Heinz endlich aufwacht. Ich merke es daran, dass er mich plötzlich in der Taille kitzelt. Das ist unser Spiel. Das machen wir immer so. Normalerweise kichere ich dabei vor Vergnügen. Aber dieses Mal ist mir nicht danach zumute. Ich mag nicht mehr so angefasst werden. Aber wie soll ich ihm das sagen?

»So, Prinzessin, das reicht. Wir sind jetzt beide ausgeruht, nicht wahr?«

Mit einem spielerischen Klaps auf den Po fordert er mich auf, aufzustehen. Er setzt sich jetzt auch aufrecht hin, gähnt noch einmal müde und strahlt mich dann an.

»Was machen wir jetzt? Kakao und Kuchen ist klar. Und danach? Hilfst du mir, die Blumen umzutopfen? Die Lavendelpflanzen brauchen mehr frische Erde. Komm, lass uns loslegen. Aber erst ziehst du dich wieder an.«

»Oh ja, Blumen pflanzen, das mache ich gern. Und Bärbel kommt auch mit.« Ich will nicht mehr allein mit ihm sein.

In Windeseile ziehe ich Hose und Strickjacke an und hole meinen Puppenwagen.

Heinz steckt mir seine warme, weiche Hand entgegen. Und dann gehen wir zusammen auf die Terrasse.

Von der Küche aus ruft Heinz noch schnell nach Frieda. Ihre Schlafzimmertür ist immer noch verschlossen. Ob sie schon wach ist?

»Ich bin mit der Kleinen im Garten«, ruft Heinz ihr durch die Tür zu.

»Ja, gut. In einer halben Stunde gibt es Kaffee«, antwortet Frieda. Ihre Stimme klingt kein bisschen verschlafen. Sie hat bestimmt etwas gestrickt.

»Und für dich, Diana, habe ich eine Zitronenrolle gebacken«, meint sie dann noch.

Zitronenrolle! Oh ja, die mag ich ganz besonders gern.

»Du bekommst nichts davon ab«, necke ich Heinz, und der lacht jetzt fröhlich, malt mit seinen Händen einen dicken Bauch. »Na, dann siehst du aber bald so aus!«

Hoffentlich kommt Oma heute nicht so früh. Ich freue mich auf den Kuchen, aber auch auf die Arbeit im Garten. Ich will erst die Blumen umtopfen und danach Heinz fragen, ob er vielleicht mit mir noch auf den Kinderspielplatz geht. Da gibt es eine neue Schaukel. Meine Freundinnen im Kindergarten haben davon erzählt.

»Die probieren wir aus«, verspricht mir Heinz. Und was Heinz verspricht, das hält er auch. Als er mir den Stoffhasen versprochen hat, saß der ein paar Tage später plötzlich auf meinem Stuhl. Und wie von ihm angekündigt, habe ich auch das Spiel mit den Enten bekommen. Was Heinz sagt, das stimmt auch. Also gehen wir schaukeln.

Auf Heinz ist Verlass. Er ist mein bester Freund, und so verzeihe ich ihm bald, dass er mich festgehalten hat.

Kapitel 2

»Wenn man sich lieb hat, dann macht man das!«
Was denn? Ich verstehe nicht, was Onkel Heinz meint.

Er möchte, dass wir uns genau wie gestern nach dem Essen wieder hinlegen. Ich habe schon mehrmals gesagt, dass ich nicht müde sei und lieber im Garten spielen wolle. Aber Heinz hört mir gar nicht zu.

Frieda ist schon in ihrem Zimmer. Ich habe gehört, dass sie die Tür hinter sich zugezogen hat.

Heinz hat schon die große Decke auf dem Sofa ausgebreitet und möchte jetzt, dass ich mich daraufsetze.

»Wir ruhen uns jetzt beide aus. Du wirst sehen, das gefällt dir auch.«

Ich schüttle den Kopf. Ich habe Angst.

Aber Heinz geht nicht darauf ein, lächelt mich nur freundlich an.

»Nachher bekommst du Gummibärchen, ich habe eine große Tüte für dich gekauft«, lockt er und zieht mir jetzt die Jacke aus.

»Ich bin nicht müde«, sage ich noch einmal. »Überhaupt nicht!«

»Kinder wissen nicht, wann sie müde sind. Da müssen sie auf die Erwachsenen hören. Die können das besser beurteilen.«

Und jetzt zieht er mir schon die Hose herunter, bevor er seine auch auszieht.

Ich habe Heinz noch nie ohne Hose gesehen. Er hat schrecklich dünne, staksige Beine.

Er schiebt mich jetzt sanft, aber bestimmt auf das Sofa und legt sich vor mich hin. Was dann kommt, ist schlimmer als gestern. Denn dieses Mal hält Heinz nicht mehr nur meine Beine fest, nein, er schiebt auch seinen Finger in meinen Schlüpfer, und das ist richtig ekelig.

Wie tags zuvor versuche ich auch jetzt, von ihm wegzukommen, aber er hält mich wieder fest, richtig fest. Ich kann mich kaum bewegen, und er macht immer weiter. Ich will nicht schreien, ich weiß ja, dass Tante Frieda schläft, aber es tut so weh. Denn Heinz hält mir mit seiner großen Hand den Mund zu. Ich fühle mich ausgeliefert und spüre Panik in mir aufsteigen. Die Angst, der Schmerz. Jetzt bekomme ich auch keine Luft mehr.

Hilfe, ich ersticke! Ich reiße die Augen weit auf, und Heinz lockert daraufhin ein bisschen den Druck.

Das ist es also. Wenn ich stillhalte, mich nicht so verzweifelt wehre, dann drückt er auch seine Hand nicht so fest auf meinen Mund. Es ist am besten, wenn ich einfach ganz starr liegen bleibe und versuche, mich nicht mehr zu bewegen. Gestern war es ja auch schnell vorbei.

Ich sehe aus dem Fenster auf die Terrasse. Da steht mein neuer Puppenwagen. Bärbel schläft darin, meine süße Bärbel. Ob sie mich vermisst?

Ich denke weiter ganz fest an Bärbel.

Heinz hat gesagt, sie brauche frische Luft und könne beim Essen ruhig draußen bleiben. Ob sie wohl schläft? Oder fühlt sie sich einsam? Immerhin sind wir alle im Haus, und sie ist ganz allein auf der Terrasse.

Es tut immer noch weh, und er hört nicht auf.

Ich muss weiter an etwas anderes denken. Das ist das Einzige, was gegen die Schmerzen hilft.

Heute gab es leckere Eierpfannkuchen mit Apfelmus. Superlecker. Was Frieda wohl morgen für uns kocht? Ich kann mir ja gleich etwas wünschen? Spaghetti vielleicht. Die würde ich gern mal wieder essen.

Warum hört Heinz nicht endlich auf?

Jetzt wischt er mir mit einer Serviette die Tränen aus dem Gesicht.

»Das macht dir doch Spaß, Kleines. Stimmt's? Du musst dich daran gewöhnen. Es wird richtig schön für dich. Ich habe dir etwas hineingemacht, damit du es gern hast, etwas Creme. Spürst du das?«

Ich verstehe nicht, was er meint, und antworte nicht.

Später werde ich mit Bärbel Johannisbeeren pflücken. Heinz hat gesagt, ich dürfe so viel davon essen, wie ich mag. Ich liebe Johannisbeeren.

Heinz' Gesicht ist richtig verzerrt. So kenne ich ihn gar nicht. Er atmet auch wieder ganz schnell, so wie gestern. Ob es jetzt ebenfalls schon bald wieder vorbei ist?

Ich habe Glück. Er hört auf.

Schwer atmend legt er sich auf den Rücken, zieht zeitgleich die Hand aus meinem Schlüpfer.

»Wenn man sich lieb hat, macht man das, Prinzessin! Glaub mir das!« Wieder sagt er diesen Satz.

Er spricht jetzt auch von »unserer schönen gemeinsamen Zeit« und dass es »unser riesengroßes Geheimnis ist«.

Ich weiß nicht, was er damit meint, ich weiß nur, dass es immer noch wehtut und dass ich das, was er neuerdings mit mir macht, absolut nicht will.

»Du darfst niemandem etwas erzählen, hörst du« sagt er jetzt schon wieder eindringlich, und damit er endlich aufhört, darüber zu reden, nicke ich schnell.

Ich weiß es doch. Die ganze Zeit schon spricht er davon, dass ich nicht erzählen dürfe, was wir zusammen machen.

Dann ändert er schnell das Thema, endlich.

»Weißt du was, Prinzessin? Wir gehen schaukeln. Das wünschst du dir doch!«

»Können wir auch zu den Kaninchen?«, frage ich.

»Klar, wir machen, was du willst. Du entscheidest. Das gehört auch dazu, wenn man sich lieb hat. Dann sollen beide ihren Spaß haben, verstehst du?«

Ich verstehe nichts. Was haben den Schmerzen mit lieb haben zu tun? Aber egal. Ich weiß nicht, ob ich überhaupt etwas machen möchte. Mir ist so schlecht, dass ich glaube, mich übergeben zu müssen.

»Kann ich mal auf die Toilette?«, frage ich leise.

»Ja klar, geh schnell, aber zieh dir vorher deine Sachen an. Das ist wichtig, hörst du? Und ich gucke mal, ob Frieda schon wach ist und was sie für leckeren Kuchen für uns hat.«

Mit einem Satz springe ich vom Sofa, nehme meine Kleidung vom Stuhl und laufe auf die Toilette. Aber jeder Schritt schmerzt. Es tut alles so weh zwischen meinen Beinen.

Als ich Pipi machen muss, brennt mein ganzer Unterleib fürchterlich. Was soll ich bloß Oma sagen, wenn sie mich holt? Sie sieht doch, dass ich nicht richtig laufen kann.

»Der Kakao ist fertig!« Als ich die Toilettentür öffne, steht Frieda plötzlich vor mir. »Komm, gib mir deine Hand. Wir decken jetzt zusammen den Tisch.«

Es sind nur wenige Schritte bis zum Tisch, aber sie sind für mich mühsam. Ich muss langsam gehen, und Frieda bleibt bei mir. Zum Glück fragt sie nicht, was los sei. Ich möchte ihr so gern sagen, woher die Schmerzen kommen. Aber Heinz hat es ja verboten.

Am Tisch habe ich Mühe zu sitzen. Aber es gibt zwei frische Waffeln mit Kirschen für mich. Dazu Kakao.

Während ich noch alles in mich hineinstopfe und Frieda um eine weitere Tasse Kakao bitte, holt Heinz plötzlich eine Tüte aus dem Wohnzimmerschrank.

»Sieh mal, Onkel Heinz hat ein Geschenk für dich. Magst du es dir ansehen?«

Er stellt die Tüte direkt neben meinen Kakaobecher, und während ich noch an meinem Waffelherz kaue, holt er einen lustigen lilafarbenen Elefanten heraus. Lila wie der Lavendel, Heinz' und Friedas Lieblingsblumen.

»Hier, Prinzessin, den stellen wir jetzt aufs Sofa, und immer wenn wir uns dort ausruhen, kannst du mit ihm spielen.«

Der Elefant ist süß, mit großen braunen Kulleraugen und einem langen Rüssel. Heinz legt ihn mir jetzt in den Arm, und ich streichle vorsichtig über sein plüschiges Fell. Für einen Moment sind die Schmerzen vergessen.

»Ob er sich mit Bärbel verträgt?«, will ich wissen.

Heinz nickt. »Natürlich. Das werden die allerbesten Freunde. Aber komm, iss erst mal deine Waffel auf, und dann stellen wir ihr mal den kleinen Elefanten vor. Wie soll er denn heißen?«

Ich weiß es nicht und zucke nur mit den Schultern.

»Benny, das klingt gut, findest du nicht?«

»Gute Idee«, meint Frieda. »Wir taufen ihn Benny, und gleich gehen wir alle an die frische Luft. Es ist doch ein herrlicher Sommertag!«

***

Wir unternehmen viel heute, gehen erst auf den Spielplatz, genau wie es Heinz versprochen hat, und Frieda kommt sogar mit. Es macht viel Spaß mit den beiden. Ich sitze in der Schaukel, und Frieda gibt mir Schwung, während Heinz vorn mit ausgebreiteten Armen in der Hocke sitzt und mich in Empfang nimmt. Es ist wirklich schön - und trotzdem ist etwas anders als sonst. Ich habe eine unbestimmte Angst vor Heinz. Was er mit mir getan hat, tat wirklich weh, und ich fürchte mich davor, dass er es noch ein drittes Mal mit mir macht.

Ich möchte Oma davon erzählen. Aber ich habe auch Angst davor, dass sie dann böse wird. Sie mag Heinz, ich glaube, sie ist sogar gut mit ihm befreundet. Wie wird sie reagieren, wenn ich sage, dass Heinz solche Sachen macht?

»Hui, fliegst du hoch«, jubelt Frieda jetzt, und als ich am höchsten Punkt von der Schaukel aus auf sie hinuntersehe, kommt sie mir klein vor.

»Hui, komm, noch einmal«, ruft Frieda und schubst mich wieder kräftig an. Heinz läuft jetzt vor und zurück. Wenn die Schaukel auf ihn zukommt, geht er schnell nach hinten und läuft dann wieder auf mich zu, wenn die Schaukel nach hinten zu Frieda fliegt. Dabei juchzt auch er ausgelassen. Ich liebe es zu schaukeln. Wenn nur die Schmerzen nicht wären. Immer wieder läuft eine Träne über meine Wange.

Ich will morgen nicht mehr zu Heinz. Morgen nicht und übermorgen auch nicht. Ich kann doch wie die anderen Kinder bis zum Abend im Hort bleiben, zumindest so lange, bis Oma von der Arbeit kommt.

Aber ob ich dann Bärbel und Benny behalten darf? Oder nimmt Heinz mir die beiden wieder weg? Und auch den Kinderwagen? Und die vielen Sachen für das Puppenhaus? Ich spiele doch so gern mit den Sachen.

Aber ich will nicht, dass Heinz mir noch einmal so wehtut. Dann nehme ich lieber wieder mein altes Spielzeug.

***

»Wie? Was möchtest du nicht? Du möchtest nicht mehr zu Heinz?«

Omas Stimme vibriert gefährlich. Keine Frage, sie ist sauer, richtig sauer. Ich habe mir am Tisch ein Butterbrot gemacht, während Oma am Herd steht und das Essen für den nächsten Tag vorbereitet. Sie kocht immer große Mengen. Ich glaube, sie hat Angst zu verhungern und ist deshalb erst zufrieden, wenn sich im Haus das Essen türmt.

Heute kocht sie Kartoffeln und Rosenkohl, und im Ofen brutzelt ein Schweinebraten. Der ist so groß, dass wir eine ganze Woche davon essen können.

Aber es gibt auch Apfelkompott und natürlich auch Topfkuchen. Den hat Oma gestern schon gebacken. Sie mag es, dass Mama und Papa immer etwas zu essen haben, wenn sie kommen. Oder Onkel Frank, der seit Kurzem nebenan wohnt und auch immer Hunger hat.

Ich habe mir meine Malstifte geholt und male ein buntes Haus, umgeben von vielen Sommerblumen. Es soll Heinz' Haus sein, aber Oma erkennt es nicht. Obwohl ich finde, dass es sehr ähnlich aussieht. Aber egal.

Während ich male, überlege ich, wie ich Oma sagen kann, was passiert ist. Ich muss es loswerden, auch wenn es Heinz' und mein Geheimnis ist. Ich will das nicht länger für mich behalten. Oma soll wissen, was er mit mir gemacht hat.

Ich atme tief durch. Schließe die Augen. Dann ist es so weit!

»Heinz tut mir weh, da unten«, sage ich ganz schnell, damit es heraus ist. Ich habe keine Ahnung, wie Oma darauf reagiert.

Doch kaum habe ich den Satz beendet, knallt sie mir auch schon ihre flache Hand ins Gesicht.

»Ich will nicht noch einmal so einen Unsinn hören. Lüge nicht, hörst du?«

Oma baut sich bedrohlich vor mir auf. Ihre Augen funkeln böse, und ihre Mundwinkel zittern vor Wut.

Ich darf jetzt nichts mehr sagen. Noch ein falsches Wort und sie wird den Teppichklopfer holen und mir damit auf den Po oder sonst wohin schlagen. Ich bin ruhig. Aber ich spüre, dass die Tränen in mir aufsteigen, und dann laufen sie mir auch schon wie warme Bäche über das Gesicht.

»Warum heulst du?«, faucht Oma mich an. »Ständig denkst du dir irgendwelche Lügengeschichten aus. ›Heinz hat mir wehgetan.‹ Was soll das denn heißen? Vermutlich warst du bei ihm auch so frech wie bei mir, und er hat dir deshalb auch eine gescheuert. Du hast es garantiert verdient. Aber ich werde dir das Lügen schon austreiben.«

Oma redet sich jetzt richtig in Rage. Das ist immer so, wenn sie sich aufregt. Dann hört sie nicht mehr auf, und ihre Worte prasseln jetzt wie Schläge auf mich ein.

Mittlerweile steht sie wieder am Herd und rührt aufgebracht mit dem Schneebesen in der Soße. »Du gehst morgen zu Heinz, wie immer. Und wenn du noch ein schlechtes Wort über ihn sagst, komme ich wieder rüber. Kapiert?«

Sie sieht mich nicht mehr an, brummelt ihre Drohungen nur vor sich hin. Das ist aber nicht weniger gefährlich. Es kann gut sein, dass sie den Schneebesen gleich in den Topf knallt und wieder zu mir herübergerannt kommt, um mich dann »richtig zu versohlen«, wie sie es immer nennt.

Aber heute scheint sie nicht mehr auszurasten. Sie spricht plötzlich nicht mehr vor sich hin, sondern kocht ganz konzentriert weiter. Ob ihre Wut vorbei ist? Ich bin unsicher und bleibe einfach am Tisch sitzen, mit gesenktem Kopf, starr vor Angst.

»Zieh dich schon mal aus und leg dich ins Bett«, sagt sie dann plötzlich, und ihre Stimme klingt ungewöhnlich mild. Warum sie auf einmal so verträglich ist, kann ich nicht sagen. Oma ist unberechenbar. Heute ist sogar alles richtig verrückt, denn plötzlich will sie gar nicht mehr, dass ich in mein Zimmer gehe.

»Komm, Diana, wir können für morgen auch noch einen Kuchen backen. Du magst doch Streuselkuchen. Ich zeige dir, wie das geht.«

Ich bin froh, dass sie wieder lieb ist, und laufe sofort zu ihr rüber, hole die Rührschüssel und den Quirl aus dem Schrank, auch das Mehl und Butter. Und dann machen wir beide uns an die Arbeit.

Oma braucht kein Rezept. Sie hat alles im Kopf und sagt mir genau, was ich alles in die Schüssel geben muss. Es macht Spaß. Ich liebe es zu backen, und als die Form im Ofen steht, kann ich noch so lange in der Küche bleiben, bis der Kuchen fertig ist.

Als ich später in mein Zimmer gehe, ist der Schmerz zwischen den Beinen etwas weniger geworden. Aber wenn Heinz morgen wieder das Gleiche mit mir macht, tut es bestimmt wieder ganz doll weh. Wie soll ich das nur aushalten?

»Denke daran, wie schön es ist«, hat Heinz mir geraten. Aber das kann ich nicht. Es ist nicht schön. Es ist furchtbar.

Ich werde mir etwas wirklich Schönes vorstellen, etwas von Bärbel und Benny. Dann denke ich nur daran, und es geht wieder schnell vorbei. Ganz bestimmt.

Bevor ich einschlafe, hole ich noch Lisa in mein Bett. Sie ist die Puppe meiner Mutter. Ich habe sie von ihr zum Geburtstag geschenkt bekommen. Lisa ist nicht neu, sie hat schon ein paar Schrammen im Gesicht, aber ich liebe sie trotzdem. Lisa werde ich erzählen, was mir passiert ist. Und dann Mama.

Ich frage Oma, wann ich zu Mama und Papa könne. Sie werden mir glauben, ganz bestimmt, und dann muss ich nicht mehr zu Heinz. Auch wenn ich die vielen schönen Stunden vermissen werde. Schade, dass er nicht immer lieb zu mir sein kann.

Kapitel 3

»So, jetzt legen wir uns etwas hin, meine Kleine.«
Ich weiß nicht, wie oft ich diesen Satz in den letzten Jahren schon gehört habe. Mittlerweile gehe ich längst nicht mehr in den Kindergarten, sondern schon in die vierte Klasse der Grundschule. Nächstes Jahr wechsle ich dann nach Halberstadt auf die Sekundarschule, und dann muss ich bestimmt nicht mehr zu Heinz, sondern kann nach der Schule allein zu Hause bleiben. So lange muss ich noch durchhalten und Tag für Tag das gleiche eklige Ritual über mich ergehen lassen.

Frieda, Heinz und ich haben gemeinsam gegessen. Es gab Spaghetti bolognese mit ganz viel Käse und war wie immer superlecker. Frieda kocht wunderbare Sachen. Das war vom ersten Tag an so und ist bis heute so geblieben. Natürlich gibt es anschließend ihren köstlichen Vanillepudding, den sie nach wie vor für mich kocht. Aber meistens kann ich ihn gar nicht mehr essen.

So ist es auch heute. Denn mir ist übel, speiübel. Weil ich weiß, dass Heinz jetzt mit mir wieder auf sein Sofa geht. Und weil ich genau weiß, was das bedeutet.

Meine Zeit bei Frieda und Heinz ist exakt durchgetaktet.

Wir haben unsere feste Routine beibehalten. Nach dem Essen räumen Frieda und ich den Tisch ab. Dann spült sie, und ich trockne ab. Heinz liest so lange seine Zeitung.

Später geht Frieda in ihr Zimmer, und Heinz und ich legen uns auf das Sofa in der Ecke, das ich so hasse wie kein anderes Möbelstück auf der Welt.

Angeblich ruhen wir uns aus. Aber davor »haben wir uns erst noch so richtig lieb«, wie Heinz mir schon auf dem Weg dahin ins Ohr flüstert. Was er darunter versteht, habe ich in all den Jahren kapiert. Genauso wie ich verstanden habe, dass es ihn nicht interessiert, ob ich weine oder schreie. Er macht einfach weiter, was ihm gefällt. Meine Schmerzen, meine Demütigung, sogar meine Verletzungen unten sind ihm komplett egal.

Seitdem Heinz mir den Finger in den Schlüpfer geschoben hat, ist es immer schlimmer geworden. Schon wenige Tage später wollte er, dass ich mich ganz ausziehe, bevor ich mich zu ihm lege. Er zieht sich seitdem auch immer komplett aus, und dann »machen wir uns gegenseitig Freude«, wie Heinz gern sagt. Er sagt überhaupt viele Sachen.

»Alle machen das, wenn sie sich lieb haben, Kleine.« Oder: »Wenn du stillhältst, wird es auch schön für dich!«

Und dann sagt er natürlich immer, dass es unser »ganz großes Geheimnis« sei: »Du darfst mit niemandem darüber sprechen. Heute nicht und auch nicht irgendwann einmal. Nie, hörst du!«

Jetzt haben wir uns auch wieder »richtig lieb«, und ich beiße die Zähne ganz fest zusammen, damit ich den Schmerz aushalte.

Das war Heinz' Tipp.

»Es wird doch immer schöner für dich, nicht wahr?«, haucht er mir jetzt ins Ohr. Aber es stimmt nicht. Es wird nicht besser, sondern immer schlimmer. Ich habe mittlerweile ständig Schmerzen, nicht nur dabei, nein, auch in der Schule, auch zu Hause, auch nachts.

Ich glaube, er hat etwas kaputt gemacht. Und neuerdings blute ich auch aus dem Po. Mein Schlüpfer ist immer ganz rot. Oma hat es gesehen, und ich habe ihr auch gesagt, dass es wegen Heinz sei.

Zum Glück ist sie nicht ausgerastet, sondern nur einfach aus dem Zimmer gegangen.

Ich versuche, jetzt wieder an Bärbel zu denken. Sie ist mittlerweile meine beste Freundin. Ich sage ihr seit Jahren alles, was Heinz mit mir macht. Sie ist die Einzige, die mir zuhört.

Nachdem meine Oma mich damals so beschimpft hat, bin ich auch bei meinen Eltern gewesen und habe versucht, ihnen davon zu erzählen. Aber sie haben gar nicht zugehört. Papa war vermutlich einfach zu betrunken und Mama zu sehr auf eine Talkshow konzentriert, die gerade im Fernsehen lief.

Ich habe dann noch zweimal versucht, mit ihnen zu sprechen. Es hat jedoch nichts genutzt.

Aber sie müssen Oma davon erzählt haben, denn die hat mir lautstark Vorwürfe gemacht und mir verboten, meine »Lügengeschichten« noch jemals jemandem zu erzählen. Ich würde der ganzen Familie damit Ärger und Probleme bereiten und solle mich schämen.

Also bleibt mir nur Bärbel. Sie ist die Einzige, der ich es sagen kann. Sie weiß, dass Heinz mir mittlerweile überall wehtut. Sie weiß auch, dass mich sein Geruch furchtbar ekelt und ich mittlerweile auch keinen Lavendel mehr riechen kann. Im ganzen Haus hat sich der Geruch festgesetzt, und mir wird richtig übel davon. Es fällt mir schwer, das zu ertragen.

»Heute war es richtig schön, meine Kleine«, sagt Heinz nun, und dabei atmet er ganz schwer. Genauso atmet er, wenn er einen schweren Blumenkübel verrückt oder kräftig Erde geschippt hat. Es strengt ihn hörbar an, was er mit mir macht. Dann steht er wie immer schnell auf, zieht sich die Hose wieder an und fragt mich lächelnd, was wir jetzt zusammen unternehmen wollen. Auch das hat Tradition. Erst quält er mich, und dann will er mir etwas Gutes tun, mich verwöhnen.

Er lächelt dann immer, ist freundlich und lieb zu mir, den ganzen restlichen Tag über. Aber am nächsten Tag geht alles wieder von vorn los und läuft so präzise ab wie ein Uhrwerk.

Aber halt, etwas hat sich geändert. Früher, als ich noch ganz klein war, wollte er »danach« noch gern mit mir liegen bleiben, kuscheln oder gar ein bisschen wegnicken. Das will er jetzt nicht mehr.

Stattdessen möchte er mittlerweile, dass wir beide ganz schnell wieder aufstehen. Ich weiß auch, warum: Wir haben ja beide nichts an, und er hat bestimmt Angst, dass uns Frieda so sieht. Mir ist das nur recht. Ich konnte die Nähe zu ihm von Anfang an nicht ertragen! Außerdem möchte ich danach so schnell wie möglich ins Bad.

Denn wenn Heinz fertig ist, fühle ich mich entsetzlich schmutzig. Ich würde mich am liebsten unter die Dusche stellen und stundenlang das Wasser über meinen Körper rauschen lassen.

Bestimmt könnte ich bei Heinz und Frieda duschen. Aber ich traue mich nicht. Ich will nicht, dass Heinz dann hereinkommt. Ich weiß ja nicht, ob er noch etwas mit mir vorhat.

»Ich möchte Pipi machen«, sage ich leise, und Heinz nickt.

»Ja, mach das, und dann gehen wir zusammen in den Garten. Ich wollte mit dir den Zaun streichen. Das hast du doch letztes Mal so gern gemacht, und wir sind ja nicht ganz fertig geworden.«

Er streichelt mir jetzt über das Haar. Ganz lieb, ganz zärtlich. Man könnte denken, er sei ein guter, lieber Onkel.

»Ich habe auch noch eine Überraschung für dich«, meint er dann. »Etwas ganz Schönes. Du wirst dich freuen, ganz bestimmt.«

»Eine Überraschung? Was denn?«, frage ich nach.

»Ich verrate nichts. Oder ...« Heinz zögert. »Ach was, ich will dich nicht so lange auf die Folter spannen. Also, so viel: Es ist etwas zum Anziehen.«

Ich freue mich riesig. Etwas Neues zum Anziehen. Das wünsche ich mir so sehr. Die anderen Mädchen in der Schule sind immer chic gekleidet, nur ich habe altes Zeug an, das meiste ist gebraucht, und Oma hat es geschenkt bekommen. Aber ich möchte auch mal etwas Neues tragen und damit in der Schule angeben können. Denn mittlerweile werde ich wegen meiner alten Klamotten oft gehänselt.

Mit schnellen Schritten laufe ich in das kleine Gästebad. Aber ich kann mir dort nur die Hände waschen, die Arme, die Beine. Frieda hat mir auch einen Waschlappen hingelegt, den ich benutzen kann. Doch ich werde damit nicht richtig sauber. Zumal es heute besonders schlimm ist. Denn es blutet wieder, vorn und aus dem Po. Ein wenig blutet es immer, seit Jahren schon. Aber im Moment wird es schlimmer, und ich habe oft Sorge, dass man es durch meine Kleidung sieht.

Mit dem Waschlappen bekomme ich es heute nicht weg. Mittlerweile ist auch schon meine Hose blutig. Wie soll ich denn so den Zaun streichen gehen?

»Prinzessin? Ist alles gut bei dir?«

Frieda klopft jetzt gegen die Tür.

»Ja, alles gut«, rufe ich laut und versuche, den blutgetränkten Waschlappen unter dem fließenden Wasser auszuspülen. Was soll ich bloß machen? Wenn ich jetzt rausgehe, sieht doch auch Frieda, dass meine Kleidung schmutzig ist.

»Mach mal bitte die Tür auf«, fordert sie jetzt, und nach kurzem Zögern drehe ich den Schlüssel um.

Und dann steht Frieda vor mir, sieht mich in meiner heruntergezogenen Hose, mit Blutspritzern an den Beinen.

Sie steht ganz starr vor mir, hält sich die Hand vor den Mund, so, als ob sie Angst hätte zu schreien. Dann dreht sie sich wortlos um und verlässt das Bad.

Mein Herz rast jetzt ganz schnell. Ich habe Angst, dass ich Ärger bekomme. Denn Frieda ist bestimmt sauer, weil auch auf dem Badläufer zwei Blutflecke sind.

»Hier, komm, zieh das an!« Frieda steht wieder vor mir und gibt mir einen neuen Pullover, den sie offenbar für mich gekauft hat. Er ist rot, hat vorn eine aufgestickte Katze drauf und ist wunderschön. Dazu hat sie auch eine kurze Hose gekauft. Das muss die Überraschung sein, von der Heinz erzählt hat.

»Zieh das mal an«, sagt Frieda. »Der Pulli ist ziemlich lang und geht dir bis über den Po. Und gib mir die Hose und Unterwäsche. Ich wasche alles aus und trockne es schnell in der Sonne.«

Friedas Stimme klingt nervös. Sie will, dass ich mich ganz schnell umziehe. Ich bin ihr dankbar dafür. Denn ich schäme mich entsetzlich, wenn ich so, mit einem Blutfleck zwischen den Beinen, rausgehen müsste.

Frieda ist so lieb. Ich mag sie. Und sie dreht sich auch um, als ich meine Kleidung ausziehe, sie zusammenknuddle und ihr mit nach hinten ausgestreckter Hand gebe.

Sie hält mir jetzt sogar ein Handtuch hin, damit es mir nicht unangenehm ist.

In dem roten Pulli versinke ich, er geht mir wirklich über den Po. Aber er ist richtig chic und kuschelig, und ich fühle mich darin sogar ein bisschen geschützt.

Bevor ich die Shorts anziehe, gibt sie mir einen gewaschenen Schlüpfer von sich, und als ich ihn hochziehe, müssen wir beide lachen. Das weiße Ding ist riesengroß und geht mir bis unter die Arme.

»Komm«, meint Frieda. »Ich mache dir einen Knoten hinein. Das haben wir als Kinder gemacht, wenn uns die Wäsche nicht passte. Weißt du, bei uns gab es nicht immer neue Sachen. Wir haben uns häufig mit Kleidung der älteren Geschwister zufriedengeben müssen. Und wenn etwas nicht passte, ja, dann haben wir uns eben mit kleinen Tricks beholfen.«

Mit einem Griff hat Frieda den Gummibund verknotet, und das merkwürdige Stoffungetüm hängt jetzt wirklich fest an meiner Hüfte. Ich ziehe schnell die Shorts darüber und hüpfe damit ausgelassen herum. »Ich sehe aus wie Edelgart, das Huhn aus meinem Bilderbuch«, kichere ich, und Frieda gackert aus lauter Übermut.

Dann legt sie mir den Arm um die Schulter und drückt mich fest an sich.

»Spiel heute am besten im Wohnzimmer. Draußen weht ein kalter Wind. Den Zaun kann Heinz auch morgen noch streichen. Und sag mal, welchen Tee magst du trinken?«

»Vanilletee bitte. Den mag ich am meisten.«

Es wird dann noch ein richtig schöner Tag bei Heinz und Frieda. Wir gehen natürlich trotzdem noch den Zaun streichen, und der Wind ist auch gar nicht kalt. Zumal ich ihn in diesem Pullover sowieso nicht spüren würde.

Heinz zeigt mir, wie ich die Farbe richtig auftragen muss, und ich bekomme ein eigenes Stück Zaun, dass ich ganz allein bepinseln darf. Wenn ich demnächst von der Straße aus den Zaun sehe, weiß ich, dass ich ihn so schön gestrichen habe.

Als Oma mich abholt, bin ich müde, aber zufrieden. Natürlich habe ich da auch längst wieder meine richtigen Sachen an. Frieda hat alles gewaschen und auch schnell trocken bekommen.

Aber trotzdem hege ich zu Hause bei Oma nur einen Wunsch: Ich möchte mich waschen. Richtig.

Wir haben ein schönes Bad mit großer Wanne. Oma hat mir jedoch verboten, sie zu benutzen. Das sei zu teuer. Ich darf auch nicht duschen. Als ich es einmal machen wollte, habe ich mächtig Ärger bekommen. Oma hat mich angeschrien. Ich darf nur einmal in der Woche baden und auch nur alle drei Tage neue Wäsche anziehen.

Aber ich habe eine andere Möglichkeit entdeckt, mich halbwegs gut zu waschen. Draußen am Schuppen steht eine Regentonne. Das Wasser ist zwar kalt, aber jetzt im Sommer geht es. Beim letzten Mal habe ich mir das Wasser mit den Händen überallhin gespritzt und mich anschließend wenigstens etwas wohler gefühlt. Zum Glück hat Oma davon nichts mitbekommen. Ich weiß also gar nicht, ob sie etwas dagegen hätte.

Gleich, wenn Oma das Abendessen kocht, will ich heute wieder an die Tonne. Ich brauche besonders viel Wasser, denn zwischen meinen Beinen suppt es so kräftig, dass Frieda mir Binden gegeben hat.

»Diana, das Essen ist fertig. Komm sofort«, ruft Oma aus der Küche. »Es gibt Vanillepudding.«

Ich erstarre. Ich kann nichts mehr essen, mir ist schlecht.

Ich glaube, ich muss mich übergeben.

»Sag, dass du mich lieb hast, sag es. Ich will es hören!« Da ist sie wieder, Heinz' Stimme, die ganz anders klingt als sonst, wenn er diese Dinge zu mir sagt.

Alles dreht sich um mich. Mein Magen krampft. Es tut so furchtbar weh. Ich muss brechen. Wieder und wieder. Es ist so schlimm, dass mir ganz schummerig wird und ich mich nicht mehr auf den Füßen halten kann.

Ich knie jetzt neben einem von Omas Blumenbeeten und würge auch noch den letzten Rest von Friedas Nudeln heraus. Danach fühle ich mich so schlapp, dass ich erst eine Zeit lang zusammengekauert auf dem Rasen liegen bleibe.

»Was soll das denn?!« Oma ist in den Garten gekommen und steht jetzt mit in die Hüfte gestützten Armen vor mir. »Kannst du nicht hören?«

»Ich kann nichts essen. Mir ist so schlecht«, jammere ich.

»Dann hast du bestimmt wieder zu viele Kekse gegessen. Na, gehe lieber gleich ins Bett. Du hast aber selbst Schuld, wenn du dich mit dem süßen Kram so vollstopfst.«

»Oma, nein, es ist wegen Heinz«, presse ich ohne zu überlegen heraus.

»Was hat denn Heinz damit zu tun?«, will Oma da wissen.

Ich fühle mich schlecht, mir ist kalt, und irgendwie ist mir jetzt alles egal. »Er macht Sachen mit mir, die mir wehtun, und ich bin schmutzig und fühle mich schlimm.«

Oma sieht mich stumm an. Ich weiß genau, dass sie ärgerlich ist, und schon platzt es auch aus ihr heraus.

»Hast du wieder vor dem Fernseher herumgehangen und dir Erwachsenenfilme angesehen? Es ist nicht zu fassen! Ab heute ist Schluss mit Fernsehen. Ein für alle Mal.«

Sie verdreht die Augen und geht kopfschüttelnd an mir vorbei ins Haus. »Das wird ja immer schlimmer mit dir«, höre ich sie noch sagen. »Du benimmst dich wie ein frühreifes Flittchen. Und das in deinem Alter. Hoffentlich kommst du nicht schon in die Pubertät. Halt bloß den Mund, und erzähl so etwas nicht herum. Was sollen denn die Leute von uns halten?«

Ich liege auf der Erde und stecke mein Gesicht ganz tief ins Gras, damit die Erde und die Pflanzen mein Schluchzen ersticken. Mein Po, meine Scheide, alles brennt fürchterlich. Ich habe Mühe, aufzustehen, und robbe ein paar Meter auf allen vieren Richtung Terrasse.

Wenn Oma mich so sieht, gibt es wieder Ärger, bestimmt auch Schläge.

Unser Garten ist umgeben von Einfamilienhäusern. Wenn jetzt jemand aus dem Fenster sieht oder gar im Garten ist, ja, dann kann er mich sehen. Ein weinendes, herumkriechendes Kind mit rot geweintem Gesicht. Das wird Oma nicht gefallen. »Was sollen denn die Leute denken?« Das ist immer ihr größtes Problem – und nicht nur ihres. Im ganzen Dorf geht es stets nur darum, was die anderen denken. Alle wollen eine makellose Fassade präsentieren – was sich dahinter abspielt, will niemand wissen.

Ich kann nicht wieder zu Heinz. Ich muss es Oma noch mal sagen. Vielleicht hat sie mich nur nicht richtig verstanden. Sie arbeitet heute lange. Die Schicht in der Firmenkantine macht sie müde, und häufig ist sie danach gereizt. Wenn sie gleich ihre leckeren Brote gegessen hat, ist sie bestimmt besser gelaunt. Das muss ich ausnutzen.

***

Ich liege im Bett und kuschle mit Bärbel.

Oma ist im Wohnzimmer. Sie sieht fern. Ich höre die Stimme von Columbo. Wenn ich jetzt zu ihr gehe, gibt es richtig Krach. Aber vielleicht kann ich danach mit ihr sprechen. Sie hat jetzt gegessen und fühlt sich bestimmt besser. Ich werde mich nachher zu ihr setzen und noch einmal versuchen, ihr alles zu erzählen. Gut, ich weiß, dass ich das Geheimnis verrate. Heinz wird böse sein. Aber das ist mir egal, ich will sowieso nicht mehr zu ihm. Egal, was er mir noch alles schenkt, und auch egal, was wir noch alles an spannenden Sachen machen: Ich halte es einfach nicht mehr aus.

Wie schlimm soll es denn noch werden? Wegen der Schmerzen kann ich jetzt schon an manchen Tagen nicht mehr zur Schule gehen.

Ich werde Oma alles erzählen. Erst Oma und dann meinen Eltern – und vielleicht auch Onkel Frank.

Alle sollen wissen, was Heinz macht. Er ist nämlich nicht der liebe Onkel, der er zu sein vorgibt. Er hat zwei Seiten. Die gute Seite kennen alle hier im Ort, und dafür wird er auch gemocht. »Alle im Dorf lieben Heinz«, sagt Oma immer. »Heinz, der ist so großzügig und hilfsbereit. Jedem gegenüber.«

Heinz hilft, wo er kann. Er packt gleich an, wenn man ihn darum bittet, und den Nachbarn leiht er Gartengeräte oder Werkzeug zum Reparieren.

»Heinz ist der beste Nachbar, den man sich vorstellen kann«, hat Oma einmal zu meiner Mutter gesagt.

Ich aber weiß, dass das nicht stimmt. Ich weiß, dass er mich quält und es ihm egal ist, wie ich mich fühle.

Heinz ist brutal. Aber das weiß niemand. Bis jetzt.

Heute werde ich jedoch die Wahrheit über den »lieben Heinz« erzählen, und dann wird Oma mich nicht mehr dorthin gehen lassen können.

Ich könnte nach der Schule auch zu Kathi gehen, meiner Freundin. Die wohnt in einem schönen Haus gleich in der Nähe der Bushaltestelle. Kathis Mutter Elke ist eine sehr sympathische Frau. Sie arbeitet in einem Büro, aber nur bis mittags, und hat jeden Tag ab zwei Uhr Zeit. Wenn ich mit Kathi aus der Schule käme, könnte ich bei ihr bleiben und um fünf Uhr, wenn Oma Feierabend hat, zu ihr gehen.

Ich könnte auch zu Mama gehen. Da würde ich am liebsten wohnen, besonders seitdem Max auf der Welt ist. Er ist so süß und mein Ein und Alles. Ich hätte eigentlich allen Grund, eifersüchtig zu sein. Denn bei meinen Eltern dreht sich alles nur um ihn. Er hat das größte Zimmer und bekommt jedes Spielzeug, das er sich wünscht. Aber ich gönne es ihm, weil ich ihn liebe. Ich verstehe zwar nicht, warum sie mir nicht annähernd die Liebe geben können, die sie ihm schenken. Ich spüre deutlich, dass ich nicht wirklich zu ihnen gehöre. Aber das ändert nichts an meiner Liebe zu ihm.

Seit Max auf der Welt ist, arbeitet Mama auch nicht mehr. Also könnte ich doch nach der Schule zu ihr gehen. Ich könnte mich auch nützlich machen und auf Max aufpassen. Ich würde alles tun, um nicht mehr zu Heinz zu müssen.

Außerdem sind es ja auch nur ein paar Meter von der Bushaltestelle bis zu meinen Eltern. Das könnte doch Oma nur recht sein, wenn ich bei ihnen lebte. Dann würde ich sie nicht mehr stören.

Ich springe schnell mit Bärbel unter dem Arm aus dem Bett, schlüpfe in meine Pantoffel und ziehe eine Strickjacke über mein Nachthemd. Ganz leise schlurfe ich über den Flur, öffne vorsichtig die Wohnzimmertür. Verdammt, sie knarrt. Und Mist, Oma sieht sofort zu mir herüber. Sie sitzt im Sessel, hat die Füße auf den Couchtisch gelegt und ein Glas Tee in der Hand.

»Was willst du?«, herrscht sie mich an. »Es ist neun Uhr. Ab ins Bett!«

»Oma, ich muss mit dir sprechen«, sage ich und wundere mich selbst, woher ich den Mut dazu nehme. Ich traue mich normalerweise nie, Oma zu widersprechen. Aber jetzt kann ich mich nicht einfach wieder ins Bett legen. Denn das bedeutet auch, dass ich morgen wieder zu Heinz muss.

»Alles, was du musst, das ist, ins Bett zu gehen!« Oma nippt an ihrem Tee und sieht wieder Richtung Fernseher. Es läuft ein Spielfilm, ich glaube, ein Liebesfilm. Die sieht Oma immer gern. Seit Opa tot ist, laufen ständig diese Filme. Opa hat immer Fußball geschaut. Das mochte Oma gar nicht und war dann sauer, und die beiden haben sich mächtig gestritten. Jetzt ist sie allein und hat den Fernseher für sich. Das scheint ihr zu gefallen.

»Oma, es ist aber wichtig!«, sage ich noch einmal und weiß genau, dass ich mir damit Ärger einhandle. Egal. Ich muss es wagen.

Mit lautem Geklapper stellt Oma die Tasse auf den Tisch, stützt sich mit beiden Händen an der Lehne auf und schiebt sich aus dem Sessel hoch. Ich weiß schon, der Rücken tut ihr weh. Darüber klagt sie viel.

»Was ist denn so wichtig«, faucht sie. Sie will in die Küche gehen, vermutlich um sich einen neuen Tee zu kochen. »Na los! Was ist so wichtig, dass du um diese Zeit noch hier herumturnst. Hast du etwa Hunger? Du bekommst nichts mehr. Das hättest du dir vorher überlegen müssen. Verhungern wirst du schon nicht. Du hast ja Reserven.«

Es ist ein wahrer Redeschwall, der über mich hereinbricht. Dabei sieht sie mich gar nicht an, sondern schlurft einfach an mir vorbei und lässt mich im Wohnzimmer stehen.

Bevor sie in der Küche verschwindet, sage ich schnell, was wie eine zentnerschwere Last auf meiner Seele liegt: »Der Heinz tut mir weh, immer, jeden Tag!« Ich spreche ganz schnell, damit ich noch viel sagen kann, bevor sie mich wieder unterbricht.

»Geht der Quatsch schon wieder los?«, zischt Oma da aber schon, und kaum hat sie den Satz ausgesprochen, schießt sie auch schon auf mich los.

Ich will weglaufen, zurück in mein Zimmer. Aber Oma erwischt mich am Arm und hält mich fest. Und dann ohrfeigt sie mich auch schon. Der Schmerz ist unbeschreiblich. Sie hat mir bereits oft eine »geknallt«, wie sie immer sagt. Aber dieses Mal haut sie ganz besonders fest zu. So fest, dass mir sogar ein bisschen schwarz vor Augen wird. Ich verliere fast das Gleichgewicht und schwanke so stark, dass ich mich an einem Schrank abstützen muss. Tränen schießen mir in die Augen.

»Aber Oma«, presse ich noch leise heraus. »Das tut so weh, was Heinz mit mir macht.« Ich schaffe es gerade noch, den Satz zu vollenden, bevor Omas Handfläche auf meine andere Wange klatscht. Nicht ganz so fest wie vorher, doch genauso unerwartet. Ich fliege dadurch auf die andere Seite, auf der kein Schrank zum Festhalten steht, und knalle auf den Boden.

»Steh auf, du miese Göre, und jetzt ab ins Bett, sonst schlage ich dich windelweich!«

Oma zerrt mich am Arm hoch und schubst mich Richtung Tür. Ich gehe noch einmal auf die Knie, und Oma zieht mich genauso schnell wie beim ersten Mal wieder hoch.

Dann reißt sie die Tür auf und schleudert mich in den Flur. Ich komme ungut auf und stoße im Fallen mit der Hüfte gegen den metallenen Schirmständer. Aber dieses Mal bleibe ich nicht liegen. Bloß nicht. Denn ich weiß nicht, wohin sie mich als Nächstes schubsen wird. Ich rapple mich also ganz schnell auf und bin mit wenigen Schritten in meinem Zimmer.

Als ich die Tür schließe, hoffe ich inständig, dass Oma nicht hinter mir herkommt. Ich darf das Zimmer nicht abschließen oder besser: es gibt gar keinen Schlüssel, weil sie den längst abgezogen und versteckt hat.

Verzweifelt werfe ich mich aufs Bett.

Mist, ich habe Bärbel verloren. Sie ist mir bestimmt im Wohnzimmer aus der Hand gefallen. Aber ich kann sie nicht holen. Das würde Oma noch mehr reizen, und dann gibt es noch mehr Schläge. Ich muss die Nacht ohne Bärbel durchstehen und hoffe, dass ich sie morgen früh gleich finde.

Es ist meine erste Nacht ohne Bärbel, und sie ist unendlich lang.

Kapitel 4

»Ihre Tochter hat Darmfissuren. Das erklärt die Blutungen, die Schmerzen und auch die Beschwerden mit der Verdauung!«

Papa ist mit mir beim Arzt. Ich bin sehr erleichtert. Endlich hilft mir jemand. Ich bin jetzt zwölf Jahre alt – und nach wie vor fünf Tage in der Woche bei Heinz. Unser »kleines Geheimnis« hat sich im Lauf der Zeit verändert. Heinz zeigt mir immer wieder auf neue Art und Weise, wie lieb er mich hat. Anders ausgedrückt: Er nutzt alle Körperöffnungen. Ich habe deshalb seit Jahren nicht nur Schmerzen in der Scheide, sondern auch im Po.

Doch damit nicht genug. Meine Verdauung funktioniert nicht mehr. Ich habe ständig Durchfall und vertrage nicht mehr alles. Wenn ich scharfe Sachen esse oder etwas mit Körnern, schmerzt jeder Toilettengang. Noch mehr leide ich jedoch unter den Blutungen, die immer schlimmer werden. Ich kann nur noch mit Binden aus dem Haus gehen. Aber die halten das viele Blut kaum noch auf. Oma steckt mir deshalb auch immer eine ganze Packung in den Schulranzen, damit ich sie in der Schule wechseln kann. Doch manchmal reicht das nicht. Mehrmals war meine Hose schon blutig, und die Kinder haben mich deshalb ausgelacht.

Einmal hat mich die Lehrerin sogar nach Hause geschickt, damit ich mich umziehen kann. Ich habe den ganzen Heimweg über geweint, weil ich mich so schämte. Oma allerdings hat geschimpft. Es hat sie geärgert, dass meine Sachen schmutzig waren, und sie meinte nur, ich hätte besser aufpassen sollen.

Ich habe nichts darauf erwidert.

Ich sage nach Omas grausamem Gewaltausbruch sowieso nichts mehr. Sie prügelte den Mut, von dem zu erzählen, was mir widerfuhr, aus mir heraus.

Ich habe aufgegeben und mich in mein Schicksal gefügt. Heinz kann damit weitermachen. Sein Geheimnis ist sicher bei mir.

Ich versuche seitdem, mit Heinz' »Mittagspause« und dem, was es mit mir anstellt, zu leben. Es sind zehn Minuten am Tag, die wehtun. Die halte ich durch, denke an etwas Schönes und tue so, als sei ich gar nicht dabei. Den Rest des Tages versuche ich, ein normales Leben zu führen. Es muss gehen.

Aber Papa merkt seit einiger Zeit, dass etwas nicht stimmt. Ich glaube, es liegt daran, dass er nicht mehr trinkt. Papa ist Alkoholiker. Seit vier Jahren, genauer: seit Mäxchens Geburt ist er jedoch »trocken«, zumindest sagt er das immer. Nüchtern sieht er plötzlich, dass mit mir etwas nicht in Ordnung sein kann. Besonders das ständige Bluten macht Heinz und der Wahrung seines Geheimnisses einen Strich durch die Rechnung.

Denn in der Schule fiel auf, dass ich nie beim Sportunterricht mitmachen konnte, und es fiel auch auf, dass ich im Unterricht viel zu häufig auf die Toilette muss. Oma war als Erste bei der Lehrerin und redete sich heraus, indem sie etwas von »nervösen Darmbeschwerden« vorbrachte. Angeblich würde ich immer zu schnell essen.

Die Lehrerin hat ihr das offensichtlich geglaubt und die Sache auf sich beruhen lassen. Ich muss seitdem auf Omas Rat hin langsam essen und gründlich kauen. Ich mache das, weiß aber natürlich, dass es nichts bringt. Die wahre Ursache meiner quälenden Beschwerden wohnt ja gegenüber. Aber das will nach wie vor niemand hören.

Nun ist Papa mit mir beim Arzt, und ich habe ein Fünkchen Hoffnung, dass mein Martyrium aufhört. Der Arzt hat ja gesehen, dass mein Darm gerissen ist. Er wird gleich fragen, warum das so ist. Ich werde zwar nichts sagen. Das traue ich mich nicht mehr. Aber Papa wird dann bestimmt hellhörig und nachhaken.

So lange sehe ich nervös zu Boden.

Jetzt, jetzt wird der Arzt fragen. Es kann nicht sein, dass er nicht überlegt, warum ein Mädchen in meinem Alter Analfissuren hat.

Aber der Arzt fragt nicht. Stattdessen zückt er sein Rezeptbuch und schreibt mir Schmerztabletten und eine Creme auf. »Geben Sie Ihrer Tochter drei Stück davon über den Tag. Sonst hält sie die Schmerzen nicht aus! Dann sehen wir uns in zwei Wochen bitte noch einmal zur Kontrolluntersuchung.«

Der Arzt streckt mir die Hand entgegen. »Dann wird es dir bestimmt besser gehen«, sagt er mit freundlicher Stimme.

Papa legt mir seine schwere Hand auf die Schulter.

»Ja, vielen Dank, Herr Doktor«, höre ich ihn sagen, und dann bin ich auch schon auf dem Flur. Das war's. Keine Fragen, nichts.

»Ich spreche gleich mit Oma. Sie wird dir die Medikamente regelmäßig geben. Kannst du dir die Creme allein auftragen? Oder soll Oma das machen?«, fragt mich Papa.

Ich weine.

»Was ist, Diana? Hast du solche Schmerzen?« Papa beugt sich zu mir herunter, sieht mich liebevoll an und tätschelt aufmunternd meine Wange.

»Ist es denn so schlimm? Ich habe mit einer Nachbarin gesprochen. Die hat gesagt, dass man solche Schmerzen von bestimmten Lebensmitteln bekommen kann. Ich werde das auch Oma sagen. Sie soll dir kein Vollkornbrot geben und nichts mit einer krossen Rinde. Besser ist Weißbrot oder ein Brei.«

Er streichelt mir immer noch die Wange, küsst mir die Stirn.

»Das wird schon, mein Schatz. In ein paar Wochen ist das alles vorbei.«

Papa sieht mich jetzt eindringlich und besorgt an.

»Du antwortest ja gar nicht! Ist etwas, Diana?«

Ich sehe zu Boden. Soll ich etwas sagen? Soll ich jetzt alles herausweinen, was Heinz mir Tag für Tag seit vielen Jahren antut? Ich kann ihm ja genau sagen, warum ich Risse in der Darmwand habe und den Stuhl nicht mehr halten kann. Warum ich mich kaum mehr in die Schule traue ... Soll ich ihm das jetzt anvertrauen?

Aber Papa wartet nicht lange genug, als dass ich mich hätte fassen können.

Er gibt sich die Antwort lieber gleich selbst.

»Du schämst dich, dass du oft so unbeherrscht isst, nicht. Ich weiß das. Du bist vermutlich schon in der Pubertät. Das ändert viel. Bald wirst du eitel und mehr darauf achten, dass du nicht dick wirst, und dann auch vernünftiger essen.«

Er legt mir verständnisvoll den Arm um die Schulter, so als wäre er mein engster Vertrauter.

Er hält mich fest, bis wir am Auto sind. Für ihn bin ich eine haltlose Esserin, ein unbeherrschtes, dickliches Kind.

Er sieht nur mein Äußeres. Meine innere Tragödie bleibt ihm verborgen.

***

»Magst du etwas von meinem Brot?« Philip steht vor mir und hält mir seine Brotdose hin. Der Inhalt ist mehr als verführerisch. Ein leckeres Weißbrot mit sonnengelbem Käse und einer dunkelroten Tomate. Mir läuft schon beim Anblick das Wasser im Mund zusammen.

»Hast du denn keinen Hunger?«, frage ich vorsichtig. Ich gehe jetzt schon seit fast zwei Jahren in die Schule in Halberstadt und habe eigentlich überhaupt keine Freunde hier. Wie auch? Ich kann niemanden nach der Schule mit nach Hause nehmen, und in den kurzen Pausen zwischen den Unterrichtsstunden ziehe ich mich zurück. Ich meide fremde Menschen, weil ich mich hässlich, schäbig und schmutzig fühle. Ich bin alles andere als kontaktfreudig und eigentlich froh, wenn man mich in Ruhe lässt. Ich lebe zurückgezogen in meiner eigenen Welt.

Statt wie andere in meinem Alter zu lachen und ausgelassen zu sein, grüble ich viel. Ich mache mir Vorwürfe, fühle mich schuldig, dass ich so leben muss, und suche nach Auswegen, wie ich meiner Situation entkommen kann. Das alles hält meine Gedanken auf Trab. Da ist keine Zeit für andere Menschen, schon gar nicht für Freundschaften.

Philip ist mir allerdings schon einige Male auf dem Schulhof aufgefallen, und auch im Bus habe ich ihn schon gesehen. Er ist groß und schlank, zwei Jahre älter als ich und hat wuschelige blonde Haare.

Ich mag, wie er mich jetzt anlächelt. Er ist freundlich und offen. Wir haben zwar noch nie ein Wort miteinander gewechselt, aber ich freue mich total, dass er neben mir steht und mir sein Brot anbietet.

»Doch, klar habe ich Hunger. Aber die Hälfte reicht mir heute auch.«

Er hält mir die Dose immer noch hin.

»Also los, greif zu!«

Ich zögere weiter. Irgendwie ist er zu freundlich, zu direkt. Ich werde misstrauisch. Ob hinter dem Busch seine Freunde hocken und er mich gerade in eine Falle lockt? Ich werde oft gehänselt. Weil ich altmodische Sachen trage, zu dick bin und nie ein richtiges Pausenbrot habe. Oma kümmert sich nicht darum, dass ich in der Schule etwas essen kann. Daran müsse ich schon selbst denken, sagt sie immer. Und wenn nicht, gebe es eben nichts. So einfach ist das. Aber ich denke schlichtweg oft nicht daran, mir etwas mitzunehmen, und hungere mich dann durch den Vormittag.

Heute habe ich jedoch etwas dabei. Ein Käsebrot, selbst geschmiert. Aber das Brot ist schon ein paar Tage alt und der Käse aus dem Regal mit den reduzierten Sachen, deren Verfallsdatum abgelaufen ist. Nicht vergleichbar also mit der Leckerei, die Philip mir immer noch geduldig hinhält.

»Na, wird's bald«, fordert er mich jetzt auf und lächelt immer noch.

Ich wische meine Zweifel weg, greife zu und beiße sofort hinein.

»Das ist köstlich!«, brumme ich mit randvollem Mund.

»Wirklich? Das sieht aber gerade nicht nach Genuss aus.«

»Ich weiß«, murmle ich weiter und beiße gleich ein zweites Mal hinein. »Aber es schmeckt wirklich klasse.«

»Ich heiße übrigens Philip! Und du?«

»Diana! Danke, dass du mir etwas abgegeben hast. Ich habe selten so ein leckeres Brot gegessen.«

»Wollen wir nachher zusammen den Bus nehmen?«, schlägt Philip vor.

Ich bin total baff und habe immer noch im Hinterkopf, dass sich das Ganze später als abgekartetes Spiel entpuppen könnte.

Tut es aber nicht. Philip scheint mich einfach nur zu mögen. Ich kann mir kaum vorstellen, dass es das gibt.

Als wir später von der Bushaltestelle nach Hause gehen, habe ich zum ersten Mal in meinem Leben das Gefühl, einen Freund zu haben. Wir reden über die Lehrer, die uns ärgern, über unsere Familien.

Philips Eltern sind geschieden. Seine Mutter ist mit den beiden jüngeren Brüdern im gemeinsamen Haus der Eltern in Halberstadt geblieben und er mit seinem Vater vor Kurzem in meinen Heimatort gezogen.

Er ist also neu in unserem Dorf und wohnt in einem hübschen kleinen Haus am Waldrand, keine fünf Gehminuten von Oma entfernt.

Als wir uns an der Hauptstraße trennen, hüpft mein Herz ein bisschen. Verstohlen sehe ich Philip nach.

Ich mag ihn. Es fühlt sich gut an, einen Vertrauten zu haben.

Jetzt aber muss ich zu Heinz, und ich weiß, was dann passieren wird. Doch ich will nicht darüber nachdenken. Ich werde wie immer die Augen schließen und an etwas Schönes denken.

Heute wird es zum ersten Mal nicht Bärbel sein. Ich werde an Philip denken, daran, dass ich ihn morgen wiedersehe und wir uns auf dem Schulhof etwas erzählen können.

Zum ersten Mal seit Langem empfinde ich wieder so etwas wie Freude.

***

»Wo hast du denn das viele Geld her?«

Ulf, einer unserer Nachbarn, ist da und kann kaum glauben, was Oma in den letzten Tagen alles auf den Weg gebracht hat. Das Haus ist eingerüstet, vier Dachdecker schleppen Ziegel und Dämmmaterialien durch den Garten.

Ulf und Oma stehen zusammen vor dem Hauseingang, und Oma erklärt ihm, was sie noch alles vorhabe. Erst werde das Dach neu eingedeckt, später solle noch ein neuer Außenanstrich dazukommen.

Oma ist Feuer und Flamme von ihren Plänen. Sie ist sichtlich stolz, dass sie sich das alles leisten kann.

»Ich möchte schön wohnen«, höre ich sie mit Nachdruck sagen.

Dazu gehörten für sie vor Kurzem erst die neue Couchgarnitur und ein schicker neuer Wohnzimmerschrank. Da haben Papa und Mama sich schon gewundert. Zumal Oma nicht mehr in der Kantinenküche arbeitet, sondern in der Reinigung vor Ort. Sie hat schon oft geklagt, dass sie dort weniger verdiene als zuvor. Aber jetzt spielt Geld plötzlich anscheinend keine Rolle mehr. Erst die neuen Möbel, jetzt das neue Dach und der Anstrich.

»Hast du im Lotto gewonnen?«, fragt Ulf jetzt neugierig, und Oma geht auch auf diese Frage nicht ein. Sie redet einfach weiter, erzählt von der anstehenden Wärmedämmung, mit der sie Heizkosten sparen könne, und dem Wertzuwachs des Hauses.

»Das erben doch alles mal meine Jungs. Die freuen sich, wenn ich gut investiere«, sagt sie und lächelt Ulf selbstbewusst an.

»Würde ich auch«, antwortet Ulf. »Aber pass auf, dass sie nicht nur Schulden erben. So viel Geld kannst du doch unmöglich auf der hohen Kante haben. Gerd hat dir nichts vermacht. Das weiß ich noch. Und ich weiß auch, was du verdienst. Also kann ich zwei und zwei zusammenzählen: Du musst einen riesengroßen Kredit aufgenommen haben. Bei der Höhe wird mir schwindelig!«

Ulf verdreht spielerisch die Augen.

»Es gibt keinen Kredit«, sagt Oma barsch, und ihre Stimme klingt triumphierend. »Da mach dir mal keine Sorgen. Ich habe gut was auf der Kante.«

Ulf ist jetzt merklich irritiert. Er geht nun stirnrunzelnd auf und ab und sieht sich Omas Renovierungsvorhaben ganz genau an.

»Hier geht es aber nicht nur um ein paar Tausend Euro«, bohrt er dann weiter, bekommt aber keine Antwort von Oma.

Ich habe mich in der Zwischenzeit auf die kleine Bank vor dem Haus gesetzt und hoffe, dass die beiden nicht merken, dass ich aufmerksam zuhöre.

Doch Ulf hat offenbar keine Lust mehr, weitere Fragen zu stellen. »Was soll das Ganze überhaupt. Mich geht es ja nichts an, was du mit deinem Haus machst. Aber ich hoffe, dass dir das dicke Ende erspart bleibt und du weißt, was du tust.«

Und dann setzt er noch eins drauf. »Mich haben übrigens schon andere Nachbarn angesprochen und gefragt, wieso du plötzlich zu Geld gekommen seist.«

»Ach, die Nachbarn«, zischt Oma ihn jetzt unwirsch an. »Die sollen sich um ihren eigenen Dreck kümmern!«

Und damit ist für Oma das Gespräch beendet. Sie geht türenknallend ins Haus und lässt Ulf im Garten stehen.

Er sieht noch einmal kurz zu mir herüber und zuckt ratlos mit den Schultern.

»Alles okay?«, ruft er mir zu. Ich nicke. Er winkt. Dann geht er zum Auto. Das Gartentor fällt ins Schloss.

Es ist wirklich komisch, dass Oma plötzlich so reich ist.

***

»Ich mag deine Oma nicht!«, sagt Philip, während er mit den Fingern auf seine halb volle Cola-Dose trommelt. Wir haben beide eine Freistunde und sitzen am Rande des Schulhofes auf einer Bank. Philip hat uns etwas zu trinken geholt und mir eine Orangeade spendiert.

»In meinen Augen ist sie eine böse, alte Frau, die nur an sich selbst denkt.«

»Sie hat auch gute Seiten«, werfe ich nach einer Pause leise ein. »Weißt du, es gibt Tage, da ist sie nett und tut alles für mich.«

»Was denn?«, fragt Philip und scheint mir meinen Verteidigungsversuch nicht recht abzunehmen.

»Wirklich!«, bekräftige ich. »Sie kann auch anders. Wir waren kürzlich erst zusammen in Halberstadt beim Einkaufen. Sie hat mir zwei Pullis geschenkt und etwas Schminkzeug und war total freundlich. Anschließend sind wir in einem Lokal eingekehrt, und sie hat mir versprochen, dass wir demnächst nach Halberstadt zum Stadtfest fahren. Da sind wir schon mal zu meinem achten Geburtstag gewesen. Das hat Spaß gemacht.«

Ich atme tief durch.

»Und? Fällt dir noch was ein?«

»Ja klar, wir kochen auch zusammen. Zumindest manchmal«, murmle ich nach einiger Zeit kleinlaut. »Leider kommt es nicht häufig vor, dass sie gut drauf ist.«

»Eben, meistens schreit sie dich doch nur an«, resümiert Philip.

»Sie ist eben streng und schnell gereizt.«

»Warum eigentlich?«, will Philip wissen.

»Sie war schon immer so. Sie kann sich einfach nur selten freuen. Das Leben ist für sie nur grau.«

Die Schulglocke ertönt.

»Bis später!«, ruft Philip.

»Um halb eins am Bus!«

Philip und ich haben in den letzten Wochen viel miteinander gesprochen. Im Bus hatten wir oft Zeit, ungestört zu reden, und ein paarmal habe ich ihn auch schon nachmittags bei sich besucht. Er wohnt richtig schön. Sein Vater ist Arzt und kann sich schicke Sachen leisten.

Oma darf nicht wissen, dass ich mich mit Philip verabrede. Sie mag nicht, wenn ich mich mit Freunden treffe, dabei ist es egal, ob es Jungen oder Mädchen sind.

»Das ist schlechter Einfluss« oder: »Die Eltern wollen dich nicht im Haus haben«, heißt es dann. Irgendetwas fällt ihr immer ein, um mich von anderen zu isolieren. Ich habe nach der Schule bei Heinz zu sein, basta!

»Wir haben das so geregelt, und dabei bleibt es«, hat sie mir erst vor Kurzem klipp und klar gesagt.

Ich hatte mir mal wieder eine kleine Flucht überlegt und vorgeschlagen, zu meiner Freundin Rita zu gehen – oder eben zu Philip. Beiden könnten mir bei den Schularbeiten helfen.

Aber Oma ist auf dem Ohr taub. Sie will es einfach nicht. Ich solle zu Heinz und Frieda und die restliche Zeit bei ihr verbringen.

Ich glaube, sie hat Angst, dass ich bei anderen Leuten etwas ausplaudern könnte. Denn wenn herauskäme, was Heinz macht, stünde die Polizei vor der Tür. Für Oma ist allein diese Vorstellung ein Horror. Unsere Familie käme dann ins Gerede. Das könnte sie nicht ertragen.

Es ist ganz offensichtlich: Sie will kein Risiko eingehen, dass die Sache auffliegt.

Also versuche ich, heimlich ein bisschen Zeit für Philip herauszuschlagen. Manchmal sage ich einfach, dass der Bus Verspätung gehabt oder eine Lehrerin überzogen habe und ich nicht pünktlich aus der Schule gekommen und der Bus deshalb schon weg gewesen sei.

Dann habe ich Zeit, die ich mit ihm verbringen kann. Wir schleichen uns dann wie Schwerverbrecher durchs Dorf, um über kleine Gartenwege zu ihm nach Hause zu kommen.

Ich weiß, dass Oma ausrasten würde, wenn sie davon wüsste. Also achte ich penibel darauf, dass sie uns nicht erwischt.

Zu Heinz gehe ich anschließend doch noch. Ich weiß ja, dass er sonst sofort zu Oma rennen würde, wenn ich einmal nicht käme. Er rechnet fest mit mir. Jeden Tag. Wir essen dann zwar später, aber an unserem Programm ändert sich nichts.

Philip weiß, dass ich nicht zu Heinz möchte, aber Oma mich zwingt. Deshalb mag er sie nicht.

»Du musst zu deinen Eltern gehen, hau einfach ab. Sofort. Sie helfen dir«, hat er mir kürzlich geraten.

Ich mag es, dass Philip sich Gedanken macht. Ich habe mich nämlich mittlerweile richtig in ihn verknallt. Aber seine Vorschläge nehme ich nicht ernst. Er weiß nicht, wie unsere Familie tickt. Wenn er die ganze Wahrheit wüsste, würde er anders reagieren und so etwas nicht mehr sagen. Ich muss zu Heinz. Schluss. Aus. Vorbei.

Als wir später zusammen im Bus nach Hause fahren, sieht er mich ganz traurig an.

»Ich würde dir gern helfen. Vielleicht sprichst du ja mal mit Ritas Mutter. Die kenne ich, und sie ist sehr nett. Sie hilft dir bestimmt!«

Ich drücke ihm, nachdem wir angekommen sind, verstohlen einen Kuss auf die Wange und murmle nur: »Ich muss los.«

Philip ist lieb, aber er hat keine Ahnung. Mir kann niemand helfen.

***

Heinz verhält sich heute besonders schlimm. Immer wieder und wieder stößt er brutal in mich hinein.

»Sag, dass es schön für dich ist. Sag es ...«, keucht er mir stöhnend ins Ohr und schlängelt dabei seine nasse Zunge an meiner Ohrmuschel entlang.

Ich kann nichts sagen, selbst wenn ich es wollte. Denn der Schmerz fühlt sich an wie Messerstiche. Ich versuche, die Schmerzen wegzuträumen, indem ich an Philip denke und daran, dass wir uns bald wieder treffen, bei ihm Kakao trinken, reden. Ich denke an unsere gemeinsamen Busfahrten und wie ich meinen Kopf an seine Schulter lege. Ganz sanft. Ganz vorsichtig.

»Du willst es doch auch ...«, stöhnt Heinz weiter, und weil ich meinen Schmerz nicht mehr stumm ertragen kann und aufschreie, drückt er mir seine große Hand auf den Mund. Da sie auch den unteren Teil meiner Nase bedeckt, bekomme ich keine Luft mehr. Ich habe fürchterliche Angst zu ersticken und versuche verzweifelt, mich aus seiner Umklammerung zu befreien. Doch er ist so mit sich selbst beschäftigt, dass er meine Lage nicht einmal bemerkt.

Als ich kurz davorstehe, die Besinnung zu verlieren, ist es vorbei.

Er nimmt die Hand weg und schaut mich an. Ich röchle nur noch, und Heinz scheint plötzlich Angst zu bekommen. Er zieht mich nach oben, klopft auf meine beiden Wangen, rechts, links, immer wieder.

»Diana, hallo, atme, los, ist alles in Ordnung mit dir?«

Ich muss furchtbar husten, spucke Schleim in meine Hand und kann nicht mehr richtig sehen. Alles dreht sich um mich.

Heinz zieht sich schnell an. Er schnappt aufgeregt nach Luft. »Ich hole dir was zu trinken. Warte. Ich bin gleich wieder da!«

Ich sehe den Lavendelstrauß auf dem Tisch. Der Geruch ist so widerlich. Ich spüre, wie sich der Speichel schwallartig in meinem Mund sammelt. Ich muss mich übergeben, sofort. Ich versuche noch, zur Toilette zu kommen, aber mir ist so schwindelig, dass ich lang hinschlage und mich auf dem Teppich erbreche.

Heinz ist sofort da und hebt mich hoch. Er will mich zurück auf das Sofa legen, aber ich zapple so wild mit den Armen und Beinen, dass er mich gleich wieder loslässt.

Ich will mich nicht hinlegen, nicht dorthin.

Heinz versteht, was los ist, zieht mir einen Stuhl heran und setzt mich darauf. Es tut gut zu sitzen.

Wenn es nur diesen Lavendelstrauß nicht gäbe. Der Geruch ist unerträglich. »Bitte stell das weg«, jammere ich, und Heinz räumt sofort die Vase vom Tisch.

»Besser?«, fragte er mich.

»Ja, davon wird mir schlecht«, antworte ich leise.

»Diana, komm, zieh dich schnell an. Wir gehen heute zum Einkaufen. Ich schenke dir Kekse, okay, die magst du doch so gern. Und vielleicht noch etwas anderes. Egal was, sag einfach, was du dir wünschst.«

Seine Stimme klingt jetzt ganz besorgt. Er hat wirklich zwei Seiten: Gerade war er wie ein Tier, das seine Beute erlegt. Jetzt ist er wieder der liebe Onkel Heinz, den alle im Dorf mögen.

»Gleich bekommst du einen warmen Kakao«, redet er weiter und läuft dabei unruhig im Zimmer auf und ab. »Möchtest du ein Stück Kuchen? Tante Frieda hat frischen Apfelkuchen gemacht. Sie schläft noch. Aber ich decke uns schon mal den Tisch.«

Ich bin wie benommen, kann kaum reagieren. Nur ganz kurz nicke ich Heinz zu.

Als er in die Küche geht, habe ich nur einen Gedanken: Ich will ihn nie wiedersehen.

»Geh zu Ritas Mutter. Sie wird dir helfen!« Plötzlich habe ich Philips Ratschlag im Ohr. Ja, das mache ich. Ich muss etwas unternehmen.

Als ich Heinz mit dem Geschirr klappern höre, nehme ich meinen Schulranzen, die Jacke und laufe keuchend aus dem

Haus. Frieda ist noch in ihrem Zimmer. Und wenn ich durch den kleinen Weg zwischen den Gärten entlanglaufe, kann Heinz mich nicht sehen.

Ich laufe wie eine Gejagte durch das Dorf. Rita wird schon zu Hause sein, und ihre Mutter arbeitet nicht. Ich werde ihr alles sagen, und dann bin ich in Sicherheit. Endlich.

***

»Kann Diana nicht bei uns bleiben?« Rita sieht ihre Mutter fragend an.

Wir haben gerade zusammen Waffeln gegessen. Ritas Mutter Ute, eine selbstbewusste und sehr freundliche Frau, sitzt noch mit uns am Tisch. Ich sehe sie von der Seite an. Ich mag sie. Sehr sogar.

Rita erzählt viel von ihrer Mutter. Am meisten gefällt mir, dass sie mit ihr über alles reden kann und sie immer Verständnis für ihre Tochter hat. Sie sind fast wie Freundinnen. Es muss toll sein, so eine Mutter zu haben.

Ute sieht mich fürsorglich an.

»Diana, was ist denn los?«, fragt sie dann direkt heraus. »Du warst ja völlig außer Atem und kreidebleich, als du angekommen bist.«

Das stimmt, ich hatte richtig Panik, und als meine Freundin öffnete, habe ich sofort angefangen zu weinen. Wir sind dann hoch in ihr Zimmer gegangen, und erst dort habe ich mich nach einiger Zeit wieder ein bisschen beruhigt. Ich hätte Rita liebend gern alles gesagt, aber das traue ich mich nicht. Ich habe viel zu viel Angst vor Oma. Wenn alles herauskäme, würde sie mich windelweich schlagen. Angekündigt hat sie es ja oft genug. Es ist also besser, wenn ich erst einmal abwarte, ob ich wirklich in Sicherheit bin. So lange halte ich lieber meinen Mund.

Aber ich habe Rita anvertraut, dass ich nicht wisse, wo ich hinsolle. Meine Eltern wollten mich nicht haben. Das hat mir Oma mehr als einmal gesagt, und Mama und Papa haben nie gefragt, ob ich bei ihnen leben möchte. Sie haben ja jetzt auch Max. Er hat das Kinderzimmer, und ein zweites gibt es nicht.

Wo soll ich also hin?

Ich möchte bei Rita bleiben. Das muss doch irgendwie gehen.

In meiner Not erzähle ich Rita, dass Oma mich oft schlage und mir keinerlei Freiheiten gebe, dass ich keine Freunde haben dürfe und bei ihr total unglücklich sei.

Später kommt ihre Mutter ins Zimmer und sieht sofort, dass etwas mit mir nicht stimmt.

Sie hatte dann die Idee mit den Waffeln und deckte den Tisch für uns.

Jetzt sitze ich zusammengekauert in der Essecke und habe keinen Hunger. Im Gegenteil. Ich verspüre eher das Gefühl, mich wieder übergeben zu müssen. Das war heute alles zu viel für mich. Ich möchte am liebsten schlafen. Hoffentlich darf ich bei Rita bleiben!

»Mama, kann Diana nicht bei uns bleiben? Sie ist ausgerissen ...«, fragt Rita mit flehentlichem Blick.

Doch ihre Mutter beantwortet die Frage ihrer Tochter nicht. Dafür sieht sie mich jetzt ernst an.

»Sieh mal, Diana, du kannst nicht bei uns bleiben!«

Ich erstarre. Der Satz wirkt wie ein Schlag in die Magengrube.

»Deine Eltern, deine Oma, alle werden dich suchen und vermutlich ganz schnell die Polizei verständigen. Dann werden die Beamten Ausschau nach dir halten, und was dann? Irgendwann stehen sie vor der Tür und werden dich abholen.«

Ich bin so erschüttert, dass ich wieder weine.

»Aber wo soll ich denn hin?«, schluchze ich verzweifelt.

»Du musst zu deiner Familie«, sagt Ute und nimmt dabei meine Hand, streichelt sie sanft.

»Schau mal, Diana, Ärger gibt es in jeder Familie. Das gehört dazu. Ich streite mich auch ab und zu mit Rita. Sie will manchmal Sachen machen, die ich nicht gut finde und ihr nicht erlaube, und sie denkt dann, ich wäre ungerecht. Dabei passe ich nur auf. Ihr Kinder versteht die Erwachsenen eben nicht immer.«

Ich verstehe sie wirklich nicht und weine noch lauter.

Sie kann doch unmöglich wollen, dass ich wieder dorthin muss, zu Oma, zu ...

»Diana, ein Kind kann sich nicht einfach aussuchen, wo es leben möchte. Es gehört zu seiner Familie. Dorthin muss es immer wieder zurück. Aber du kannst jederzeit zu uns kommen, wenn deine Familie weiß, wo du bist, okay?«

Ute nimmt mich jetzt in den Arm, streichelt mir über den Rücken. Ich möchte mich so gern an sie schmiegen, sie noch einmal um Hilfe bitten. Aber mit dem nächsten Satz erstickt sie meine Hoffnung im Keim.

»Ich habe bereits deine Eltern verständigt. Sie holen dich gleich ab.«

Die letzten Sätze sind für mich fast wie ein Todesurteil. Ich bin verloren. Es gibt kein Entrinnen.

Ich bin jetzt ganz ruhig. Ich habe keine Tränen mehr, bin leer geweint. Doch Ute interpretiert das anders.

»Ich sehe, dass du dich wieder gefasst hast. Siehst du, deine Eltern freuen sich doch, wenn sie dich wiederhaben. Sie haben sich bestimmt schon furchtbar um dich gesorgt.«

In diesem Moment klingelt es auch schon. Papa ist da.

Ich sage keinen Ton mehr.

Er bringt mich zu Fuß zurück zu Oma, und ich trotte neben ihm her wie ferngesteuert. Mit jedem Schritt gebe ich mich mehr auf, mit jedem Schritt bereite ich mich innerlich vor auf das, was jetzt kommt. Oma wird mich anschreien, schlagen.

Ich bin weggelaufen. Das bleibt nicht folgenlos. Aber ich kann ihr und Heinz nicht entkommen.

Es ist vorbei.

***

Als meine Oma Papa und mich durch den Vorgarten gehen sieht, stürmt sie sofort zur Haustür heraus, um mich in Empfang zu nehmen und sogleich auf mich einzuschreien.

»Was fällt dir kleinem Biest eigentlich ein? Meinst du, ich habe nichts anderes zu tun, als dich zu suchen!«

»Nun lass doch gut sein, Mutter. Wir waren schließlich alle mal jung«, versucht Papa sie zu beruhigen.

»Auch mal jung? Ja, stimmt. Du hast dir auch jede Menge Frechheiten erlaubt. Wenn dein Vater nicht immer schützend die Hand über dich gehalten hätte, hättest du auch manches Mal mehr eine Tracht Prügel von mir bekommen. Man sieht, der Apfel fällt nicht weit vom Stamm. Dein Früchtchen ist genauso schlimm wie du!«

Ich stehe die ganze Zeit mit gesenktem Kopf daneben und traue mich nicht, auch nur einen Mucks zu sagen.

»Geh in dein Zimmer, auf der Stelle, ich will dich nicht mehr sehen. Haust einfach ab, unfassbar. Was denkst du dir eigentlich dabei?!«, faucht sie weiter.

Papa streichelt mir die Wange.

»Versprich Oma, dass du das nicht wieder machst, und entschuldige dich. Dann weiß sie, dass du es nicht böse gemeint hast.« Er sieht mich jetzt an und lächelt aufmunternd. »Na los, mach schon.«

Ich sage artig: »Entschuldige, Oma!« Ich füge mich, bin jetzt wie ein dressiertes Zirkustier. Ich rebelliere nie wieder, halte alles aus.

Heinz, meine Oma, sie haben jeden Funken Lebensenergie in mir erstickt, jeden Widerstand gebrochen. Ich gebe auf.

Als Papa gegangen ist, steht Oma plötzlich in meinem Zimmer. Sie hat mir Brote geschmiert, stellt den Teller auf den Nachtschrank.

Wieso macht sie das? Ich bin misstrauisch.

»Sag mal, was hast du Ritas Mutter eigentlich erzählt?«, fragt sie dann geradeheraus.

»Nichts«, antworte ich leise und traue mich nicht einmal mehr, sie dabei anzusehen.

»Wage das auch nie, denn dann kannst du was erleben. Wenn du irgendwelchen Unsinn erzählst, wirst du das bereuen. Verstanden. Das verspreche ich dir!«

Das ist es also. Deshalb ist Oma so friedlich und macht mir sogar etwas zu essen. Sie hat Angst, dass ich zu viel ausplaudere. Sie will um jeden Preis, dass ich zu Heinz gehe, jeden Tag. Das ist ihr wichtig.

Aber vielleicht geht es ja gar nicht darum, dass ich nachmittags versorgt bin?

Als sie das Zimmer verlässt und die Tür hinter sich zuzieht, drehen sich die Gedanken in meinem Kopf, und auch das Gespräch Omas mit Ulf über den plötzlichen Geldregen kommt mir in den Sinn. Vielleicht sind Heinz und Oma nicht nur Nachbarn. Vielleicht sind sie viel mehr – nämlich Geschäftspartner.

Kapitel 5

»Bleibst du heute wieder zu Hause? Mensch, Diana, das ist nicht gut. Denk doch an deinen Schulabschluss.« Philip ist am Telefon und ermuntert mich dann dazu, wenigstens morgen wieder zum Unterricht zu gehen.

Wir sind jetzt ein richtiges Paar. Vor einem Jahr haben wir uns zum ersten Mal geküsst. Es war wunderschön.

Wir sehen uns so oft wie möglich und können wirklich über alles reden. Das Einzige, was er bis heute nicht weiß, ist die Sache mit Heinz. Ich habe oft versucht, ihm das zu erzählen. Aber ich bekomme keinen Satz über die Lippen. Es ist, als ob ich eine Sperre im Kopf hätte. Ich kann beim besten Willen nicht darüber sprechen.

Philip ist mittlerweile mit der Schule fertig und arbeitet in einem Hotel in Halberstadt. Er macht eine Ausbildung zum Koch.

Leider können wir jetzt morgens nicht mehr zusammen mit dem Bus fahren. Philip hat unregelmäßige Arbeitszeiten und wird oft von seinem Vater gebracht. Und ich bin sowieso kaum noch in der Schule, weil ich ständig krank bin.

Oft ist es ein hartnäckiger Durchfall, und ich habe auch häufig Blasenentzündungen, Unterleibskrämpfe, Übelkeit – oder alles zusammen. Eigentlich habe ich ständig irgendwelche Beschwerden. Dazu kommen fast immer Kopfschmerzen und Schwindel. Ich bin auch mit 95 Kilo bei meiner Größe von ein

Meter siebzig übergewichtig und leide unter Atemnot und Herzrasen.

Aber ich habe kein Problem damit, krank zu sein, denn dann muss ich nicht zu Heinz.

Es versteht sowieso niemand mehr, dass Oma mich immer noch zu ihm schickt. Immerhin bin ich schon 15 und könnte nach der Schule problemlos allein zurechtkommen. Aber das will sie partout nicht und zwingt mich weiter, Tag für Tag bei Heinz und Frieda zu essen und bis zum späten Nachmittag dortzubleiben.

»Heinz und Frieda können dir bei den Schularbeiten helfen«, meint sie häufig und weiß genau, dass das nicht stimmt.

Sie sagt auch, dass ich eine schlechte Schülerin sei, und weiß doch genau, dass dies Quatsch ist. Ich bin trotz der vielen Fehltage sogar eine sehr gute Schülerin, und das hat einen Grund: Ich gebe mir richtig viel Mühe und mache immer gründlich meine Schularbeiten, auch wenn ich krank bin. Rita bringt mir die Aufgaben vorbei, und ich arbeite alles sorgfältig nach.

Mein Engagement hat ebenfalls einen Grund. Denn Philip und ich, wir haben einen Plan. Wir wollen weg. Gemeinsam. Und wenn ich jetzt einen guten Schulabschluss schaffe, werde ich auch sofort eine Ausbildung beginnen können. Dann sind es maximal noch drei Jahre, und ich stehe auf eigenen Beinen. Dieses gemeinsame Ziel lässt mich das alles hier überleben.

Vielleicht bin ich ja aber auch schon viel früher frei. Philip verdient bereits im nächsten Jahr genügend eigenes Geld, und vielleicht hauen wir dann schon ab. Mir ist es ganz egal, wohin wir ziehen. Hauptsache weg! Das ist wichtig. Ich möchte nie mehr hierher zurück.

Bis dahin aber blende ich den größten Teil der Wirklichkeit aus, und das geht erstaunlicherweise ganz gut.

Ich habe nämlich eine Methode entwickelt, eine Überlebensstrategie. Ich konzentriere mich nur noch auf das, was kommt, nicht mehr auf das, was ist. So halte ich die Hölle aus, weil ich weiß, dass ich dies alles bald hinter mir lassen werde.

Sofern meine Gesundheit mitspielt. Darin sehe ich noch den einzigen Unsicherheitsfaktor. Ich kann durch meine Darmerkrankung immer schlechter den Stuhl halten. Wie soll ich so eine Ausbildung schaffen? Dazu bedrückt mich, dass ich so viele Schmerzmittel nehmen muss. Sie gehen auf den Magen, auf meinen Kreislauf, auf meinen Kopf. Ich bin oft richtig benommen davon. Das macht mir Angst.

Philip meint immer, es werde sich geben, wenn ich aus allem heraus sei.

Ich möchte ihm nur zu gern glauben.

Ich werde das alles bestimmt nicht vergessen, aber es ist dann beendet, abgeschlossen, weggesperrt, vorbei. Es wird ganz weit hinten in meinem Kopf sein, verkapselt, und ich werde nie mehr daran denken. Daran glaube ich ganz fest.

Die Zeit bis dahin muss ich noch durchhalten.

***

Wir haben Glück, müssen nicht lange warten. Die Sprechstundenhilfe hat uns bevorzugt behandelt. Sie sieht, dass es mir schlecht geht. Ich trage zwei Binden übereinander, um überhaupt in der Praxis sitzen zu können. Aber ich habe die Sorge, dass es unangenehm riecht, und verkrümle mich in die hinterste Ecke der Praxis.

Dieses Mal ist Oma dabei. Papa muss arbeiten, und ich glaube auch, ich bin ihm zu alt, um mich als Mann zu begleiten.

»Das ist ›Weiberkram‹«, hat er gesagt und war sichtbar froh, als Oma meinte, sie gehe diesmal mit mir zum Arzt.

Anfangs habe ich mich gewehrt. Ich wollte nicht dorthin. Was soll ich denn sagen? Dass ich mir Gegenstände in den Po stecke oder unglücklich falle? Das ist doch alles unglaubwürdig. Ich wollte lieber zu Hause bleiben, meine Schmerzmittel nehmen und abwarten, dass alles besser würde.

Aber Oma ist es, die plötzlich darauf drängt. Ich denke, die Schule steckt dahinter. Die vielen Fehlzeiten sind nicht unbemerkt geblieben. Meine Eltern mussten als Erziehungsberechtigte bereits zu einem Gespräch kommen. Papa hat offen von meinen Darmproblemen erzählt. Mir ist das furchtbar peinlich, und ich hoffe nur, dass nichts davon zu meinen Mitschülern durchdringt.

Jedenfalls verlangen sie in der Schule jetzt ein Attest. Ich bin einfach zu oft krank gewesen. Das sieht nach systematischem Schwänzen aus, und da schrillen bei den Lehrern die Alarmglocken.

Also sitze ich nun in der Praxis unseres Hausarztes, allerdings ist nur seine Vertretung da. Ich hoffe, dass alles schnell vorbeigeht, und ahne nicht, dass ausgerechnet dieser Besuch mein Leben verändern wird. Denn alles beginnt völlig unspektakulär.

Der Arzt fragt, Oma antwortet. Ich höre kaum zu, schnappe nur die Worte »zu dick« und »ständiges Essen« auf. Sie erzählt wie immer eine Lügengeschichte. Ich blende mich deshalb aus der Situation aus, denke an Philip und unser gemeinsames Leben. Die Zeit bis dahin wird auch noch vergehen. Ich halte das durch. Irgendwie.

Der Arzt schreibt mir neue Tabletten auf, dazu die übliche Creme, die ich schon seit Jahren bekomme, und natürlich gibt er uns das Attest, das ich dringend für die Schule brauche.

Irgendwann stehen wir alle auf. Und dann höre ich einen Satz, den ich nie erwartet hätte. Der Arzt sagt ihn ganz leise, beugt sich dabei sogar zu meiner Oma hinunter. Er sagt nur diesen Satz, und ich verstehe ihn ganz genau: »Das nächste Mal rufe ich die Polizei!«

Doch ich habe nicht mal den Mut, aufzusehen – ganz zu schweigen davon, mich zu Wort zu melden und ihn anzuflehen: »Bitte machen Sie das!« Ich sehe einfach nur weiter wie in Trance zu Boden und gehe mit Oma stumm aus der Praxis.

Als ich später neben ihr im Bus sitze und wir nach Hause fahren, geht mir der Satz allerdings nicht mehr aus dem Kopf.

Was ahnt der Arzt? Oma hat ihm natürlich nichts von Heinz gesagt, aber offenbar hat ihn etwas misstrauisch gemacht. Es kann sein, dass jetzt das ganze Kartenhaus zusammenbricht.

Oma hat den Satz genau verstanden. Ich habe es ihr angesehen. Sie war seltsam still danach, fast schon eingeschüchtert. Es ist deutlich: Sie hat Angst. Angst, dass ihr falsches Spiel auffliegt und sie dann vielleicht sogar im Gefängnis landet, zusammen mit ihrem feinen Nachbarn, dem lieben Onkel Heinz.

Meine Oma bleibt die ganze Fahrt über sehr ruhig, spricht kaum, wirkt in sich gekehrt und sehr, sehr nachdenklich. Zu Hause lässt sie mich links liegen.

Ich gehe früh zu Bett. Dort fühle ich mich am wohlsten. Die Wärme tut mir gut, das Liegen entspannt meinen Körper und damit auch die Organe. Außerdem ist die Toilette ganz in der Nähe. Ich bin noch zwei Tage krankgeschrieben, am Donnerstag will ich unbedingt wieder zur Schule gehen.

Die Zeit im Bett tut mir gut. Meinem Körper, aber auch meiner Seele. Denn der Satz beschäftigt mich nach wie vor sehr.

***

»Ich gehe heute Mittag nach Hause und lege mich etwas hin«, sage ich an meinem ersten Schultag nach der Pause. Ich war fast zwei Wochen zu Hause. Jetzt will ich wieder den Alltag. Aber einen veränderten, einen ohne Heinz.

In einer Viertelstunde geht mein Bus. Ich muss mich beeilen, aber vorher will ich das meiner Oma noch mitteilen.

Oma versteht sofort, worauf ich hinauswill.

»Wie? Du legst dich etwas hin? Was heißt das?«, hakt sie überrascht nach. »Du gehst doch zu Onkel Heinz. Der wartet auf dich!«

Sie sieht mich heute nicht verärgert, sondern eher verunsichert an.

»Ich gehe nicht zu ihm, nie mehr!«, sage ich jetzt und wundere mich über den festen Ton, mit dem ich diesen so wichtigen Satz ausspreche.

Woher die Kraft plötzlich kommt? Ich weiß es nicht, aber ich weiß, dass ich jede klitzekleine Chance nutzen muss, um der Hölle zu entkommen.

Ich habe im Sprechzimmer des Arztes die Angst in Omas Augen aufblitzen sehen. Diese Angst nutze ich jetzt. Genauso alternativlos, wie sie immer mit mir gesprochen hat, bin ich jetzt auch ihr gegenüber.

Ich weiß jedoch, dass mein Mut nicht so weit reicht, wie es scheint. Er ist nur Fassade, und mein Herz rast, weil sie mir nicht sofort eine Antwort gibt.

Was mache ich, wenn sie jetzt sagt: »Du gehst!«

Habe ich dann noch einmal die Kraft, ihr zu widersprechen? Oder verliere ich auch diesen Kampf?

Aber Oma sagt das nicht. Sie sagt gar nichts. Zumindest nicht sofort.

Ich stehe schnell auf und nehme meine Schulsachen, ziehe die Jacke an. Als ich fast schon an der Tür bin, ruft sie mir etwas hinterher.

»Du gehst zu Heinz, basta!«

Vielleicht ist meine Euphorie über die zum Greifen nahe Freiheit in dem Moment so groß, vielleicht habe ich mich schon innerlich darauf eingestellt und bin von einem Glückstaumel erfüllt. Ich weiß es nicht genau. Jedenfalls bin ich nicht wirklich bei mir, als ich ihr antworte: Ich stehe wie neben mir und beobachte die Szene aus sicherer Distanz. Und ich sage wirklich: »Wenn du mich noch einmal zu Heinz schickst, gehe ich zur Polizei!«

Ich warte Omas Reaktion darauf nicht ab. Ich laufe mit meinem Schulzeug zum Bus, so schnell ich kann. Ich renne vor mir und meiner eigenen Courage davon. Nie hätte ich für möglich gehalten, dass ich so etwas aussprechen könnte. Ich vermag es kaum zu glauben: Mein Martyrium ist endlich vorbei!

***

Heinz steht vor mir, und das so überraschend, dass ich kurz aufschreie. Um nach der Schule auf dem Heimweg nicht bei ihm vorbeikommen zu müssen, bin ich von der Bushaltestelle durch die Gärten gegangen und wollte von hinten ins Haus. Aber jetzt ist plötzlich Heinz da. Er scheint auf mich gewartet zu haben.

»Warum kommst du nicht mehr?«, fragt er mich ohne Umschweife.

Ich möchte ihm so gern sagen, dass ich ihn hasse und nie mehr wiedersehen will – und dass er aus meinem Leben verschwinden solle und es nie mehr wagen dürfe, mich abzufangen und anzusprechen.

Aber das traue ich mich nicht. Ich stecke voller Angst und habe den Mut nicht, offen zu sagen, was ich fühle und was ich will.

Stattdessen sehe ich nervös zu Boden, murmle leise: »Ich möchte nicht mehr kommen.«

Heinz versucht jetzt, meine Hand zu nehmen, aber ich ziehe sie zurück. Ich will nicht von ihm berührt werden. Nie wieder.

Doch er lässt nicht locker, legt seine beiden Hände auf meine Schultern, schüttelt mich sanft, so als wolle er mich wach rütteln.

»Prinzessin, meine Prinzessin, ich kann doch nicht ohne dich, das weißt du doch!«

Ich antworte nichts darauf.

»Diana, nun sag doch etwas!«

Heinz schüttelt mich jetzt etwas fester. Er ist sichtbar beunruhigt.

»Wenn du nicht mehr kommen willst, muss ich das schweren Herzens hinnehmen. Aber du weißt ja, dass wir ein Geheimnis teilen. Davon darfst du niemandem erzählen, hörst du. Versprichst du mir das?«

Unser Geheimnis. Ich weiß.

Ich sage auch dazu nichts.

»Wir haben uns doch lieb, Diana. Das weißt du, und das darfst du nie vergessen. Aber das bleibt unter uns, versprich mir das!«

Seine Stimme überschlägt sich fast vor Aufregung, und er kommt mir mit dem Gesicht ganz nah, sieht mich an und fordert immer wieder: »Versprich mir das, versprich mir das!«

Ich rieche seinen Atem, und mein ganzer Körper ist plötzlich starr wie eine Statue. Ich schaffe es nicht einmal, ihn anzusehen. Stattdessen sehe ich zu Boden.

»Diana?«

Ich blicke auf den Rasen, eine Ameise krabbelt über einen Grashalm direkt vor meinen Fußspitzen. Eine zweite hangelt sich am selben Halm hoch. Sie wirken wie Freundinnen, die von der Ameisenschule nach Hause gehen. Ich möchte jetzt auch nach Hause, und vielleicht kann ich mit Philip telefonieren. Er hat doch Mittagspause in seinem Betrieb.

»Versprochen?« Heinz zieht seinen Kopf zurück, nimmt auch die Hände von meinen Schultern. »Ja?!«, fragt er wieder.

Ich bleibe stumm, bin gar nicht da.

»Ich gehe jetzt nach Hause. Ich vertraue dir. Du wirst nichts sagen. Das bleibt für immer so, hörst du.«

Heinz tritt zur Seite, und ich schlüpfe blitzschnell an ihm vorbei. Es sind nur noch wenige Meter bis zu unserem hinteren Gartentörchen. Aber für mich ist der Weg eine fast unendlich lange Strecke.

Heinz rührt sich nicht vom Fleck und schaut mir mit starrem Blick nach.

Heinz geht es wie Oma. Er hat Angst.

Und deshalb lässt er auch nicht locker. Zwei Wochen lang fängt er mich fast täglich ab. Unsere Begegnungen laufen dabei immer gleich ab. Er redet auf mich ein. Ich halte es aus. Es fallen immer die Wörter »Liebe«, »Team«, »Freunde«, »Geheimnis«. Bis auf das Geheimnis stimmt nichts von alldem.

Irgendwann laufe ich weg.

Frieda treffe ich noch zweimal beim Einkaufen. Beim ersten Mal tut sie beim Bäcker so, als ob sie mich nicht erkennt, und guckt weg. Ich bin froh darüber.

Doch das nächste Mal steht sie ausgerechnet vor mir an der Kasse des Edeka-Marktes. Weglaufen kann ich nicht mehr, weil andere Leute schon hinter mir sind. Also hoffe ich, dass sie mich nicht bemerkt.

Ich beobachte, dass sie Spaghetti auf das Band legt und die Zutaten für eine Sauce bolognese. Viele Jahre hat sie das für mich gekocht, und es war richtig lecker. Ich denke daran zurück, dass es auch schöne Momente mit ihr gab. Wir haben Weihnachtsdekorationen gebastelt, Plätzchen gebacken, viel zusammen gekocht. Ich durfte immer den Pudding rühren und die

Sahne schlagen. Es hat Spaß gemacht mit ihr. Eigentlich ist sie eine liebe Frau, die mich wirklich verwöhnt hat.

Aber warum hat sie sich weggeduckt? Vielleicht auch aus Angst vor Heinz? Vielleicht war sie froh, dass er seine schmutzigen Fantasien nicht mehr an ihr auslebte, sondern mit mir ein kleines, niedliches Spielzeug bekam? Vielleicht hatte sie aber auch nur Sorge, dass ihre heile Welt zerplatzen und die Leute im Dorf auf sie zeigen würden, wenn sie die Neigung ihres Mannes öffentlich macht.

Ich will nicht darüber nachdenken.

Ich will vergessen.

Genau in dem Moment, als mir dieser Gedanke durch den Kopf schießt, dreht sie sich zu mir um.

»Diana!«, sagt sie und wirkt wirklich überrascht. »Geht es dir gut?« Ihre Stimme klingt so mild, so warm. Aber ich will keine Sympathie für sie empfinden. Sie hat all das Grauen zugelassen. Sie hätte nur einmal die Tür öffnen und hinsehen müssen. Dann hätte Heinz sein fürchterliches Spiel beendet. Aber das hat sie nicht. Sie hat angeblich geschlafen, ich bin mir jedoch sicher, dass sie meine verzweifelten Schreie, mein Schluchzen, gehört hat. Vielleicht hat sie sich ja auch immer die Ohren zugehalten, damit sie nichts hört.

Nein, nein. Ich will nicht mit ihr reden.

Sie spürt meine Abwehr sofort, packt wortlos ihre Einkäufe in einen Beutel und geht aus dem Laden.

Als ich hinter ihr hersehe, wirkt sie wie vom Schicksal niedergedrückt, wie eine alte Frau, deren Leben in Trümmern liegt: Sie ist an Heinz zerbrochen.

Aber Tante Frieda hat ihr Leben hinter sich. Meines jedoch liegt vor mir.

Mich wird Heinz nicht zerstören!

***

Es ist unsere erste gemeinsame Nacht oder besser: Es sind unsere ersten gemeinsamen intimen Stunden.

Philip hat mittlerweile eine eigene kleine Wohnung bezogen, und wir sind völlig ungestört. Meiner Oma habe ich etwas von einem Geburtstag bei einer Freundin in Halberstadt erzählt und dass ich später käme. Sie hat es geglaubt, und jetzt bin ich hier, bei dem Jungen, den ich von ganzem Herzen liebe. Heute soll es passieren, unser erstes Mal. Philip hat mir die Angst davor genommen. Er hat mir gesagt, dass er ganz vorsichtig sein werde.

Ich glaube ihm. Er ist ein wunderbarer Mensch, der alles hat, was ich mir wünsche. Er ist erwachsen geworden, beschützt mich und passt auf mich auf. Auch äußerlich vermittelt er mir Sicherheit. Er ist kräftig und signalisiert Entschlossenheit. Das mag ich. Mit ihm habe ich endlich jemanden zum Anlehnen, jemanden, der mir Halt gibt.

Natürlich haben wir uns schon geküsst. Gleich am Anfang sogar, auf dem Weg von der Schule nach Hause. Philip hat mich damals hinter einen Baum gezogen, und dann ist es passiert. Ich mag es, dass er mich begehrt. Aber mit seinen Zärtlichkeiten hatte ich von Anfang an Probleme. Bis dahin hatte mich nur einer geküsst – und das war einfach nur widerlich. Ich konnte kein schönes Gefühl damit verbinden.

Als ich Philips Lippen das erste Mal spürte, war diese Erinnerung gleich wieder da, dazu der Geruch von Heinz und der von Lavendel. Eine schreckliche Kombination.

Ich habe dann meinen Kopf weggedreht, und Philip fühlte sich von mir abgelehnt. Wir schlitterten dadurch in eine kleine Krise, die ich zum Glück beenden konnte, weil ich ehrlich zu ihm war. Damals habe ich ihm gebeichtet, dass mich Heinz einmal geküsst habe und ich mich daran erinnert fühlte. Mehr natürlich nicht. Das traue ich mich bis heute nicht. Philip hat mich allerdings verstanden und mir meine spontane körperliche Reaktion nachgesehen.

Seitdem reiße ich mich zusammen. Ich mag es aber nach wie vor nicht, geküsst zu werden, und ich mag auch keine anderen intimen Sachen, keine Hände auf meiner Brust und keine Berührungen zwischen meinen Beinen, und alles andere vermutlich auch nicht.

Ich brauche einen Menschen, auf den ich mich verlassen kann, der zu mir hält, bei dem ich mich in einer Art Urvertrauen fallen lassen kann. Mehr nicht. Sexualität ist mir zuwider. Aber das kann Philip nicht verstehen. Also halte ich durch; wenn er »anhänglich« ist, weise ich ihn nicht ab, sondern lasse seine Zärtlichkeiten über mich ergehen. Ja, mehr noch, ich spiele ihm sogar Gefühle vor, tue so, als ob mir das alles Freude bereitet.

Heute will Philip mit mir schlafen. »Dann bist du wirklich meine Frau«, hat er am Telefon gesagt und immer wieder beteuert, wie sehr er mich liebe.

Ich habe Angst davor. Andererseits freue mich darauf, weil es der letzte Liebesbeweis ist, den unsere Beziehung noch braucht, auch wenn es mich vor dem Sex gruselt. Aber ich weiß, dass ich Philip über kurz oder lang wohl verliere, wenn ich mich nicht auf Intimitäten einlasse.

Dann stehe ich in einem Schlafzimmer voller flackernder Kerzen. Philip hat sich Mühe gegeben, unser erstes Mal so schön wie möglich zu gestalten. Natürlich denkt er, es ist auch mein erstes Mal. Er hat keine Ahnung, dass mein »erstes Mal« schon vor vielen Jahren war, mit einem alten Mann, der sich brutal an einem kleinen Mädchen abreagierte. Ich habe es nicht geschafft, ihm davon zu erzählen. Anläufe gab es viele, aber ich bekam die Wahrheit nie über die Lippen. Es ging einfach nicht.

Vermutlich hindert mich eine Mischung aus Scham und Angst daran, davon zu erzählen. Ich schäme mich, dass mir das so viele Jahre lang widerfahren ist, und ich habe Angst, dass man mich deshalb ablehnt. Wer will schon ein Mädchen mit meiner Vergangenheit als Freundin?

Deshalb schweige ich und versuche durchzustehen, dass Philip Sex möchte. Ich habe es so oft ausgehalten, also wird es diesmal auch gehen. Denn jetzt ist es nicht Heinz, sondern der Mann, den ich liebe und mit dem ich leben will.

Philip ist nackt und wartet schon im Bett auf mich. Auf dem Nachtschränkchen stehen Kekse und Getränke, leckere Orangeade. Philip denkt an alles. Er ist wunderbar und gibt sich große Mühe.

Ich habe darauf bestanden, dass er das Licht ausmacht. Ich mag mich nicht zeigen mit meinen vielen Kilos. Er findet das unnötig, sagt, dass er jedes Pfund an mir liebe und mich »genau richtig« finde. Es tut so gut, das zu hören.

Zuerst gehe ich ins Bad, ziehe mich dann am Bett bis auf die Unterwäsche aus und lege mich dann zu ihm. Wie wird es sein?

Es ist ungewohnt, einen nackten jungen Mann zu spüren. Ich kenne nur Heinz' alten, knorrigen Körper.

Mutig kuschle ich mich an seinen durchtrainierten Körper. Es ist wunderbar, hier so mit ihm zu liegen. Im Hintergrund läuft leise Musik, ich schmiege mein Gesicht an Philips Brust, die sich gleichmäßig auf und ab bewegt. Es liegt so ein Frieden in diesem Moment, und wenn ich könnte, würde ich die Welt anhalten, damit dieser Augenblick für immer bleibt.

Aber er bleibt nicht. Denn ich spüre, dass Philips Hand langsam meinen Schenkel hochgleitet. Seine Finger streicheln meine Hüfte, meinen Bauch, und dann schiebt sich die Hand in meinen Slip.

Ich schließe die Augen. Mir wird übel. Ich spüre, dass sich mein Körper verkrampft und mein Herz so schnell schlägt, als würde ich im Sprint durch das Dorf hetzen. Philip scheint das zu erregen.

Ich halte das durch, hämmere ich mir ein. *Diana, denk an etwas Schönes!*

Es riecht nach Vanille. Philip hat Duftkerzen ausgesucht. Wo er die wohl gekauft hat? Ich werde mir auch welche für mein Zimmer besorgen. Es ist schön, wenn Räume gut riechen. Ich mag das ...

Philip hat jetzt mit einer Hand meinen Slip nach unten gezogen. Er schiebt sich langsam auf mich, und ich nehme meine Schenkel auseinander.

Und da ist er wieder: dieser furchtbare, durchdringende Schmerz. So kann nur ein Messerstich schmerzen.

Ich stöhne qualvoll auf. Philip hält es für Lust.

»Ist es gut für dich?«, stöhnt er mir ins Ohr. »Sag mir, dass es dir gefällt.«

Ich reagiere darauf mit einem »Ja«, aber es klingt aus meinem Mund wie ein qualvoller Schmerzensschrei.

Woran soll ich denn nur denken?

Nächste Woche schreibe ich meine letzte Deutscharbeit. Wir bekommen ein Gedicht, das wir interpretieren müssen. Ich mag das. Ich bin gut in Deutsch und glaube sogar, dass ich mindestens eine Zwei bekomme. Es ist meine letzte Arbeit. In sechs Wochen erhalte ich mein Zeugnis. Es wird gut ausfallen, ganz sicher. Ich habe sogar schon einen Ausbildungsplatz in Aussicht. Köchin will ich werden, ich kann zum 1. September in einem Betrieb im Harz anfangen. Das ist genau weit genug weg, um endlich ausziehen zu können, und nah genug, um den Kontakt zu Philip nicht zu verlieren, der noch in Halberstadt arbeitet ...

Philips Bewegungen werden schneller. Ich schließe die Augen, zähle.

Eins, zwei, drei, vier ... Gleich wird es vorbei sein ...

Ich bin erleichtert und froh. Er hat nichts gemerkt, fühlt sich wohl. Das ist das Wichtigste.

Als er sich zur Seite dreht, brennt mein Unterleib wie Feuer. Ich beiße ganz fest die Zähne zusammen. Das war immer Heinz' Tipp. Er wirkt auch heute wieder.

Philip darf nicht merken, dass etwas mit mir nicht stimmt. Auf keinen Fall. Dann ist unsere Liebe in Gefahr.

»Es war so schön. Ich liebe dich, Diana!«, flüstert er mir ins Ohr.

»Ich liebe dich auch«, hauche ich zurück und versuche irgendwie, den Schmerz zu unterdrücken. Er wird nicht vergehen. Das weiß ich. Aber er wird schwächer werden. Das war immer so. Ich habe auch eine Creme gegen die Schmerzen in meiner Tasche. Dann wird alles gut.

»Sag mal, wie war das erste Mal denn für dich?«, will Philip jetzt wissen und umarmt mich.

Ich lasse mir nichts anmerken.

»Wundervoll, Liebling. Es war wunderschön!«

Philip zieht meinen Kopf wieder auf seine Brust. Ich bin selig.

***

»Der Eingriff geht schnell, knappe dreißig Minuten. Anschließend bleiben Sie noch zwei Tage zur Beobachtung. Danach können Sie nach Hause.«

Ich bin mit meiner Oma in der Klinik. Die mittlere Reife habe ich in der Tasche, mit einem Notendurchschnitt von 2,2. Ich bin mächtig stolz. So stolz, dass es mir auch egal ist, dass Oma mein Zeugnis nicht sehen wollte. Als ich es ihr hingehalten habe, hat sie es nicht mal in die Hand genommen, nur »Lass mal« gesagt.

Meine Eltern freuten sich, zumindest haben sie das behauptet. Der Satz »Das hast du ja toll gemacht« hat mir schon gereicht.

Man wird bescheiden, wenn einen die Eltern eigentlich nicht bei sich haben wollen. Da ist man dankbar für jede Art von Zuwendung und ein bisschen Anerkennung.

Als Kind habe ich diese Anerkennung schmerzlich vermisst und oft geweint, wenn sie nicht regelmäßig gekommen sind, um mich zu sehen. Eigentlich habe ich immer geweint, wenn ich an ihrem Haus vorbeigegangen bin und wusste, dass dort für mich kein Platz ist. Ich spiele für sie eben keine Rolle, zumindest keine große.

Mittlerweile habe ich gelernt, mit diesem Gefühl zu leben. Ich will nicht mehr um ihre Liebe betteln. Was nicht heißt, dass ich mich nicht danach sehne. Ich glaube, jedes Kind braucht die Liebe der Eltern. Es ist ein Urbedürfnis, und es gibt nichts, was das ersetzt. Aber ich habe mir vorgenommen, dieses verzweifelte Ringen um Zuwendung nicht mehr zuzulassen. Wenn ich Liebe geschenkt bekomme, bin ich froh und dankbar. Wenn nicht, kann ich damit leben. Das ist wichtig.

Aber jetzt, kurz vor der so ersehnten Freiheit, meinem endgültigen Abschied aus dem Dorf, muss ich noch eine Hürde nehmen: Mein Darmproblem ist so schlimm geworden, dass ich operiert werden muss.

Ich habe keine Angst davor. Die Schmerzen, die ich tagtäglich verspüre, sind mittlerweile unerträglich. Es kann also nur besser werden.

»Wir werden einen Teil des porösen Gewebes entfernen«, informiert uns der Arzt jetzt. »Dadurch werden sich die Blutungen bessern.«

Meine Oma nickt. Ich sage wie immer nichts. Aber ich wundere mich, dass auch jetzt niemand fragt, warum der Darm einer 16-Jährigen porös ist.

Oder? Ich horche plötzlich auf. Denn der Arzt meint: »Ich habe schon mit dem Oberarzt darüber gesprochen. Es ist merkwürdig, dass Sie dieses Problem so ausgeprägt haben. Wir können uns das nicht erklären ...«

»Das ist Vererbung«, wirft meine Oma da plötzlich ein. Natürlich will sie nicht, dass er weitere Fragen stellt. Und ihr Kalkül geht auf. Der Arzt fragt nicht genauer nach, und auch seine Kollegen sagen nichts.

Auch nicht, als sie nach dem Eingriff zur Visite an mein Bett kommen. Ein junges Mädchen mit einem zerrissenen Darm, das wirft doch eigentlich Fragen auf. Aber wieder einmal sehen alle weg.

Heinz muss sich also keine Gedanken machen. Es wird unser Geheimnis bleiben. Ich glaube nicht mehr wirklich daran, dass mir irgendjemand helfen kann ...

Ich muss zwei Tage bleiben. Als ich entlassen werde, drückt mir die Schwester ein Blatt mit Ernährungstipps in die Hand.

Auf der linken Seite stehen Symbole der Nahrungsmittel, die ich essen darf. Auf der rechten Seite sind die entsprechenden Symbole durchgestrichen.

So einfach funktioniert die Welt.

Kapitel 6

Mein Zimmer ist winzig, knapp zehn Quadratmeter groß, aber ich fühle mich darin so glücklich wie andere in einem Schloss.

Seit vier Wochen arbeite ich im Oberharz, genauer: in einem Ausflugslokal.

Ich habe hier den Ausbildungsplatz als Köchin bekommen und bin einfach nur froh. Die Arbeit macht mir Spaß. Ich koche ja für mein Leben gern. Vermutlich habe ich das von Oma geerbt. Sie war zwar meistens ruppig und oft auch gemein zu mir, aber die Freude am Kochen hat sie mir vermittelt.

Mein Chef ist nett, mit den Kollegen verstehe ich mich super. Aber das alles ist nur zweitrangig. Das Wichtigste ist für mich: Ich lebe nicht mehr in meinem Heimatdorf und bin weg von Heinz, Oma, der ganzen Hölle. Ich bin frei.

Wenn ich keinen Dienst habe, fahre ich zu Philip. Er hat seine Ausbildung bereits abgeschlossen und ist aufgrund seiner guten Leistungen vom Betrieb übernommen worden. Er verdient gut, hat mittlerweile eine größere Wohnung und ein eigenes Auto. Wenn ich nicht im Betrieb sein muss, bin ich bei ihm.

Wir sind glücklich zusammen, gehen viel aus, sehen fern, genießen unsere Zweisamkeit. Philip ist seit einiger Zeit in einem Boxklub, und ich habe schon ein paarmal mit ihm Boxkämpfe besucht. So ganz begeistert bin ich von diesem Sport nicht. Aber solange er nichts Schlimmes abbekommt, unterstütze ich ihn. Ich sehe doch, dass es ihm guttut, sich auszupowern.

Ab und zu besuchen wir seinen Vater. Der ist übrigens nicht mehr allein, sondern hat eine neue Partnerin. Kathrin, eine Kauffrau aus Magdeburg. Ich mag sie. Sie ist richtig hübsch, hat eine tolle Figur und halblange dunkle Haare. Sie ist sehr freundlich, und ich bin gern bei ihnen. Übrigens bekommt Philip bald ein Geschwisterchen. Kathrin ist schwanger, und alle freuen sich bereits riesig auf das Baby.

Allerdings habe ich bei Philips Vater immer etwas Angst. Er scheint zu merken, dass mich etwas belastet, und stellt häufig Fragen nach meiner Familie. Ich bin sicher, er ahnt, dass etwas bei uns nicht stimmt.

Werner ist ein einfühlsamer, feiner Mensch. Ihm ist nicht entgangen, dass der schwierige Umgang mit meiner Familie einen Grund haben muss.

»Warum gehst du denn nicht mehr zu deinen Eltern?«, will er auch heute wieder wissen.

»Ich verstehe mich nicht so gut mit ihnen!«

»Was ist denn passiert?«, hakt er nach.

»Das ist eine lange Geschichte«, weiche ich aus.

»Du kannst sie gern erzählen. Ich nehme mir die Zeit!«

»Ja, vielleicht ein anderes Mal!«

»Sag mal, Philip sagt, du seist bei deiner Oma aufgewachsen? Wieso eigentlich? Deine Eltern leben doch auch hier?«

»Ja, das ist ebenfalls eine lange Geschichte?«

»Aber zu deiner Oma hast du auch keinen Kontakt mehr?«

»Nein«, bestätige ich schmallippig.

»Sag mal, Diana. Ich will dich nicht bedrängen. Aber wenn du Hilfe brauchst, weißt du, dass du auf mich zählen kannst.«

Ich nicke, bedanke mich bei ihm. Ob Philip ihn darum gebeten hat, mir seine Hilfe anzubieten? Oder benehme ich mich so rätselhaft und seltsam, dass er von selbst darauf gekommen ist, dass etwas nicht stimmt?

Auf der einen Seite freue ich mich sehr, dass Philips Familie mich so offen bei sich aufnimmt, sich wirklich für mich zu interessieren scheint. Auf der anderen Seite habe ich Angst, mich zu verplappern. Wenn ich von Heinz erzähle, trete ich eine Lawine los. Dann muss ich zur Polizei und stundenlang Aussagen machen. Heinz wird alles abstreiten. Es steht Aussage gegen Aussage. Mir glaubt sowieso niemand.

Ich habe im Internet gelesen, wie Missbrauchsopfer bei Vernehmungen auseinandergenommen werden. Was ist, wenn man mir nicht glaubt und auch die Polizei meint, ich hätte mir das alles ausgedacht? Das würde mich und die Beziehung zu Philip furchtbar belasten und mein schönes neues Leben gefährden, bevor es richtig angefangen hätte. Wenn es zu einer Gerichtsverhandlung käme, würde das halbe Dorf im Saal sitzen, und alle würden sich den Mund über mich zerreißen. Ich würde nochmals durch die Hölle gehen.

Nein, bitte nicht, ich stünde das nicht durch. Ich will nur Abstand von alldem und endlich allein leben, ohne die Schatten der Vergangenheit. Ich will mit alldem nichts mehr zu tun haben.

An Omas Haus fahren wir deshalb auch nie vorbei. Ich will die Straße nicht mehr sehen.

Meine Eltern habe ich nur zu Weihnachten besucht. Das reicht. Allerdings habe ich schriftlichen Kontakt zu Max, und demnächst holen wir ihn auch einmal zu uns nach Halberstadt. Dann verbringen wir ein spannendes Wochenende zu dritt. Max liebt Computerspiele, und da ist er bei Philip an der richtigen Adresse.

Einen Wermutstropfen gibt es allerdings noch in meinem neuen Leben: Die Darm-OP hat nicht den gewünschten Erfolg gebracht. Ich habe immer noch starke Blutungen.

Eigentlich dachte ich, dass es in der neuen Umgebung besser würde, denn mit jedem Meter, den ich zwischen mich und meinen Heimatort brachte, ging es mir besser. Aber die Blutungen sind geblieben. Doch ich hoffe, dass sie im Laufe der Zeit verschwinden und ich mein neues Leben endlich richtig genießen kann.

»Halte noch ein bisschen durch. Dann hauen wir ab«, hat mir Philip erst vor Kurzem versprochen, und ich kann gar nicht sagen, wie sehr ich mich über diesen Satz gefreut habe. Ich wäre auch gleich mit Philip weggegangen. Aber ich bin erst 16 und damit noch nicht volljährig. Meine Eltern müssen bei allem noch zustimmen. Aber das ist zum Glück bald vorbei. So lange halte ich durch, keine Frage.

Philip hat im Moment einen super Job. Aber er wird auch woanders etwas Gutes finden, und ich kann überall meine Ausbildung abschließen. Sowie ich 18 bin, gehe ich mit ihm weit weg.

Philip und ich, gemeinsam gegen den Rest der Welt.

***

»Schön, dass du wieder da bist! Ich habe schon etwas Leckeres für dich gekocht.«

Oma steht in der Tür und strahlt über das ganze Gesicht. Ich stehe vollgepackt mit zwei Koffern und drei Taschen im Flur und ziehe wieder in mein Kinderzimmer.

Mein Ausflug in die ersehnte Freiheit war kurz, er dauerte nur knappe eineinhalb Jahre. Ich konnte die körperlichen Belastungen bei der Küchenarbeit nicht durchhalten. Mein Darm spielte verrückt. Oft vermochte ich vor Schmerz kaum zu stehen. Dazu kamen immer heftiger werdende Blutungen. Es ging nicht mehr.

Nach sechs Krankschreibungen in drei Monaten hat der Chef die Reißleine gezogen und mein Ausbildungsverhältnis

»in gegenseitigem Einvernehmen« aufgelöst. Ich bin natürlich tieftraurig, aber ich kann ihn verstehen. Ich schaffe es einfach nicht, mache damit dem Chef und den Kollegen nur Probleme. Ich nehme immer stärkere Medikamente, bin an manchen Tagen richtig benebelt. Das ist zu gefährlich, wenn man am Herd stehen muss.

Für mich ist das eine Katastrophe. Ich habe jetzt keinen Ausbildungsplatz mehr und auch keinen Cent Einkommen. Philip hätte mich zwar durchgefüttert. Er wollte, dass ich ganz zu ihm ziehe und wir zusammen eine andere Ausbildungsstelle für mich suchen. Aber ich bin erst 17 Jahre alt und kann nicht allein entscheiden. Für meine Eltern jedoch stand sofort fest: Du gehst zurück zu Oma! Dort bist du versorgt. Das ist das Einfachste.

Oma jubelt. Sie kann nur schwer allein sein, und mit mir kommt wieder Abwechslung in ihr Leben. Das gefällt ihr, und sie begrüßt mich deshalb überschwänglich. Sie hat gekocht, mein Bett gemacht, mir Schnöckereien gekauft. Auf den ersten Blick ist sie die liebe Oma, die ihr Enkelkind verwöhnt. Aber ich weiß, dass sie nur an sich denkt. Sie ist ja mittlerweile Rentnerin und den ganzen Tag zu Hause. Da hat sie viel Zeit zum Nachdenken. Da komme ich als Ablenkung wie gerufen und kann ihr zudem im Haus helfen.

Und nicht zuletzt stünde ich dann natürlich unweigerlich auch wieder unter ihrem Einfluss ...

»Lass dich nicht erneut in diesen verhängnisvollen Strudel ziehen«, hat mich Rita, zu der ich Kontakt gehalten habe, sofort gewarnt. »Geh zum Jugendamt und erzähl, dass du nicht zurückkannst!«

Philip hat mir ebenfalls geraten, endlich »klare Kante« zu zeigen und mich zu wehren.

Aber so weit bin ich noch nicht. Mein Verhältnis zu Oma ist nicht einfach zu erklären. Sowie sie in meiner Nähe ist, kann ich mich kaum mehr wehren und versinke in einem Chaos an Gefühlen. Auf der einen Seite habe ich Angst vor ihr. Ihre Beschimpfungen, die Schreierei, die Schläge. Ich fürchte mich immer, dass das wieder losgeht, obwohl ich jetzt viel älter bin. Auf der anderen quälen mich aber auch Schuldgefühle: Oma hat mir oft gesagt, dass sie sterbe, wenn ich mich nicht mehr um sie kümmern würde. Schon als kleines Mädchen hat sie mir das eingetrichtert und damit Druck auf mich ausgeübt.

Ich erinnere mich noch genau an eine Szene: Ich war damals vielleicht acht Jahre alt, und Rita hatte mich eingeladen, bei ihr zu übernachten. Ich hatte schon meine Tasche gepackt, ein Nachthemd, Bärbel und etwas Waschzeug hineingetan, als auf einmal Oma in der Tür stand.

»Du kannst nicht bei Rita schlafen. Wenn du jetzt gehst, hört mein Herz auf zu schlagen, und du siehst mich nie wieder.«

Ich habe sie starr vor Schreck angesehen.

»Aber warum denn, Oma, du bist doch gesund!«

»Ach was, das sieht nur so aus. Ich fühle mich gar nicht gut.«

»Oma, ich freu mich doch so auf Rita!«

»Du freust dich, ach so! Und dann ist es dir egal, ob deine Oma stirbt oder nicht? Was bist du denn für ein Mädchen?«

»Aber, Oma, das wusste ich doch nicht!«, sagte ich bestürzt. Für mich als Kind war die Vorstellung, dass ich an ihrem Tod schuld sein sollte, geradezu traumatisch.

»Aber jetzt weißt du es. Diana, Liebes, du kannst mich nicht allein lassen, niemals. Versprich mir, dass du mich nie allein lässt. Niemals!«

Oma weinte, und ich stellte traurig meine Tasche wieder ab.

»Du bist doch meine süße kleine Diana. Wir gehören zusammen. Für immer!«

Von diesen Gesprächen gab es viele. Oma hat stets geweint, wenn sie die Angst überkam, mich – und das heißt auch die

Kontrolle über mich - zu verlieren, und sie schaffte es dadurch immer wieder, mich in ihrem Sinne zu steuern, zu manipulieren. Sie hat zwei Seiten, die herrische, in der sie mit Druck und Gewalt durchsetzt, was sie von mir verlangt. Und die - vorgeblich - verletzliche, sensible, in der sie versucht, mit Tränen zu erreichen, was sie will.

Also weinte sie, als ich Philip kennenlernte, und natürlich weinte sie auch, als ich den Ausbildungsplatz bekam. Während ich mich über die Zusage freute, hat sie bitterlich vor sich hin geschnieft und theatralisch immer wieder »Jetzt bin ich ganz allein und werde bald sterben« geschluchzt.

Der Satz verfolgt mich bis heute. Ich träume manchmal sogar davon, dass ich einen Anruf bekomme und mir mitgeteilt wird, dass Oma tot sei. Und natürlich bin *ich* dann dafür verantwortlich. Eine krude Situation.

Ich fühle mich deshalb, ungeachtet meines großen Ziels, endlich ein für alle Mal aus ihren Klauen zu entkommen, oft wie eine Abhängige, die es nicht schafft, von der Droge wegzukommen. Und ich bin vermutlich auch wirklich in gewisser Hinsicht abhängig, weil ich insgeheim immer noch von der ersehnten Zuwendung meiner Oma träume. Etwas in mir hofft immer noch, dass alles gut wird.

Und gerade sieht das wider Erwarten auch danach aus. Denn Oma verwöhnt mich in einer Art und Weise, die ich nie für möglich gehalten hätte. Sie scheint sich zu freuen, dass ich wieder da bin.

Rita ruft in den ersten Tagen noch häufig an. »Diana, bitte geh! Wenn du jetzt gehst, hast du noch eine Chance. Ich bitte dich«, bekniet sie mich regelrecht. Sie ist schon volljährig und kann das Auto ihrer Mutter nutzen. »Ich fahre dich nach Halberstadt, direkt zum Jugendamt. Komm, zieh das jetzt durch«, drängt sie mich.

»Rita, ich kann nicht, glaube mir doch. Ich schaffe es nicht, jetzt nicht!«

»Wenn du erst wieder für längere Zeit bei ihr bist, hat sie dich schneller wieder unter ihrer Knute, als dir lieb ist, und du traust dich nicht mehr zu gehen!«, appelliert sie an meinen gesunden Menschenverstand.

Ich weiß, dass sie recht hat.

Philip sagt das Gleiche. Er möchte, dass ich fest zu ihm ziehe und ist bereit, mit mir darum zu kämpfen. »Wir können zum Jugendamt gehen, mein Vater hilft uns. Du kannst bestimmt bei mir bleiben. Ich verdiene genug für uns beide.«

Da sind zwei Menschen, die es gut mit mir meinen und mir die Hand reichen. Aber ich traue mich nicht, sie zu ergreifen.

Denn sie können sagen, was sie wollen, doch ich weiß innerlich, dass ich es nicht schaffe. Nicht in meiner momentanen Situation nach Abbruch der Lehre und angesichts meiner permanenten gesundheitlichen Probleme.

Und deshalb bin ich jetzt wieder bei ihr und damit zurück in einem Leben, das ich verabscheue.

Still und leise füge ich mich in die Gegebenheiten, bin sogar froh, als ich einen Ausbildungsplatz im Ort bekomme. Ich will Friseurin werden, arbeite in einem kleinen Salon im Ortskern.

»Das ist dein Untergang«, prophezeit mir Rita und schüttelt nur den Kopf, als ich bei ihr vorbeigehe und die vermeintlich tolle Nachricht überbringe. »Mensch, Diana, das ist der falsche Weg!«

»Ich bleibe noch bis zum Ende meiner Ausbildung. Dann haue ich ab. Ganz sicher!« Ich habe nun mal ein schlechtes Gewissen. Oma hat mir jahrelang eingehämmert, dass es an mir liege, ob es ihr gut geht oder nicht. Ich kann das jetzt nicht so einfach abschütteln. Mir fehlt nach allem die Kraft dazu.

Rita sieht mich skeptisch an. »Drei Jahre, ich glaube nicht, dass das eine gute Idee ist.«

Philip schüttelt ebenfalls nur den Kopf über mich. Aber ich tröste ihn damit, dass wir an den Wochenenden zusammen bei ihm in Halberstadt sein werden.

Er nimmt es schließlich hin. Was bleibt ihm auch anderes übrig? Er liebt mich wirklich.

***

Die Arbeit im Salon macht mir Spaß. Ich werde wirklich gern Friseurin. Ich mache mich ja selbst auch gern hübsch, schminke mich sorgfältig und experimentiere schon lange mit verschiedenen Frisuren. Ich habe schulterlange blonde Haare, und damit kann man jeden Tag anders aussehen. Jetzt ist das gute Aussehen sogar mein Job, und ich kann mich acht Stunden am Tag damit beschäftigen.

Oma freut sich auch, dass sie jetzt eine angehende Friseurin im Haus hat. Sie ist sogar mutig und lässt sich von mir Anfängerin ihre Dauerwelle machen. Und ich darf ihr sogar die Haare schneiden.

Das Thema Haare wird zwischen uns ein Lieblingsthema. Während bis jetzt das Kochen unsere gemeinsame Hauptbeschäftigung war, verbringen wir neuerdings häufig Zeit mit dem Waschen und Schneiden ihrer Haare. Sie hört sogar auf mich, wenn ich ihr Vorschläge mache, Farbe und Schnitt ein bisschen verändere.

»So findest du glatt noch einen Mann«, habe ich sie einmal ein bisschen auf den Arm genommen, als ich ihr die Haare superschick frisiert hatte. Aber das wollte sie überhaupt nicht hören, hat mich sofort angeraunzt.

»Lass den Quatsch!«

»Du wirst mal eine Starfriseurin«, hat Oma neulich sogar gescherzt. Und ich habe angefangen zu träumen. Ich könnte nach Magdeburg ziehen und dort in einem der schicken neuen Salons wie dem »Rocksthaar« arbeiten. Oder gleich nach Berlin gehen.

Ich fühle mich beruflich wohl. Die Chefin ist nett, die Kolleginnen nehmen mich in ihren Kreis auf. Allerdings gibt es ein kleines Handicap, das sich zum Glück jedoch nicht als Problem entpuppt.

»Kannst du bitte die Kundin übernehmen«, ruft mir meine Chefin Elke eines Tages zu.

Ich nicke und nehme der älteren Dame den Mantel ab. Ich soll ihr das Haar waschen und alles vorbereiten für den Schnitt. Sie ist etwa siebzig Jahre alt, rundlich, mit einem weichen Gesicht.

»Setzen Sie sich bitte. Es geht sofort los«, sage ich freundlich und schiebe ihr das Waschbecken hin, positioniere ein weiches Handtuch im Kragenbereich und bitte sie, den Kopf zurückzulegen.

Ich sehe die schlaffe Haut, das graue Haar, die faltigen Augenlider.

Dann stelle ich das Wasser an, prüfe die Temperatur und fahre mit dem Duschkopf vorsichtig über den Hinterkopf der Kundin. Es riecht nach Shampoo, aber unter dem blumigen Geruch auch nach Alter und vielen gelebten Jahren.

Mit der linken Hand streiche ich ihr vorsichtig das Haar zurück, mit der rechten setze ich gezielt den Wasserstrahl ein.

Heinz' Haut streift meine Wange, seine faltigen Lippen versuchen, mich zu küssen. Abrupt drehe ich mein Gesicht weg. Ich will das nicht. Aber zu spät. Seine Zunge an meinem Ohr. Es ist nass, ekelhaft nass, und ich spüre seinen Speichel und rieche seinen Atem. Es riecht nach Essen, ein bisschen nach Alkohol, aber ganz viel nach Alter. »Sei lieb zu mir«, fordert Heinz und beugt sich ganz nah über mich. »Sieh mich an, meine Kleine.« Ich sehe in zwei wässerig graue Augen, fast zugehängt von faltigen Augenlidern. Die Haut ist dünn wie Pergament, die Augenbrauen sind buschig.

»Verzeihen Sie!« Mit einem Ruck stelle ich das Wasser ab und signalisiere meiner Chefin, dass sie bitte die Kundin übernehmen soll.

»Was ist los?«, meint sie im Vorbeigehen erstaunt.

»Mir ist übel. Ich muss kurz an die frische Luft!«, murmle ich und schnappe mir schnell meine Jacke.

Draußen wird mir schwindlig. Ich lehne mich an die Hauswand, sauge tief die frische Luft ein und zähle die Sekunden, bis es besser wird.

Was war das bloß? Im Hotel hatte ich ständig Krämpfe und Blutungen, hier im Salon wird mir übel. Bin ich denn gar nicht in der Lage, einen Job zu machen.

»Was war das?« Meine Chefin steht neben mir. Sie ist eine sympathische Frau, die ich sehr schätze. Hoffentlich ist sie nicht wütend.

Doch Elke sieht mich mitfühlend an. »Du bist kreidebleich geworden. Hat die Kundin dir etwas gesagt, was dir nicht gefallen hat?«

Ich schüttle sofort den Kopf.

»Nein, nein, sie trägt keine Schuld. Ich kann nur ...«, stammle ich unsicher und traue mich nicht recht, meinen Satz zu Ende zu sprechen.

»Was kannst du nicht, raus damit«, fordert mich meine Chefin auf und sieht mich dabei aufmunternd an.

»Ich kann außer meiner Oma keine alten Menschen anfassen!«

»Du kannst was nicht?« Sie atmet jetzt tief durch, wirkt einen Moment lang ratlos. »Weißt du, das habe ich noch nie gehört.«

»Ich versuche, mich zusammenzureißen. Ganz bestimmt. Du kannst dich darauf verlassen«, ergänze ich schnell und hoffe, dass Elke nicht allzu böse auf mich ist.

»Ach was, das bringt doch nichts. Ich spreche nachher mit dem Team, und dann bedienst du künftig eben die jüngeren Kunden, und wir nehmen dir die alten ab, okay?«

Ich nicke und lächle Elke dankbar an.

»Gut, dann haben wir das geklärt, und du kümmerst dich jetzt um die junge Kundin hinten auf Platz sieben. Es wäre doch gelacht, wenn sich solche Probleme nicht lösen ließen.«

Als ich zu der jungen Frau gehe, bin ich einerseits erleichtert. Ich kann hier weiter meine Ausbildung machen. Aber andererseits bin ich auch bedrückt: Mir wird schlecht, wenn ich alte Leute anfasse. Meine Güte, was kommt denn noch? Wird mich die Erinnerung an Heinz niemals mehr loslassen?

Die Kundin ist keine dreißig Jahre alt und hat blonde Locken, die sich vor mir kringeln. Ich lasse das Wasser über ihren Kopf laufen, massiere mit flinken Fingern die Kopfhaut – und habe plötzlich Angst vor der Zukunft. Wie kann ich mich denn jemals von meiner traumatischen Erinnerung befreien? Es muss doch einen Weg geben, ein ganz normales Leben zu führen?

»Es ist etwas heiß …«, wirft meine Kundin ein und reißt mich aus den Gedanken. Verdammt, ich muss aufpassen. Sonst versemmle ich hier die Chance auf eine Ausbildung. Ich muss lernen, im Hier und Jetzt zu leben. Heinz wohnt zwar nur wenige Schritte entfernt. Aber es ist vorbei. Meine schlimme Vergangenheit ist weit weg.

***

An den Wochenenden bin ich bei Philip in Halberstadt. Aber Rita hat letztlich doch recht behalten: Oma tut mir nicht gut. Auch wenn ich das kurzzeitig gehofft habe. Sie versucht, mit allen Mitteln zu verhindern, dass ich Philip sehe. Ab Freitagmorgen sitzt sie heulend in der Küche, jammert mir vor, wie schlecht sie sich fühle, weil ich sie so oft allein ließe.

Ich fühle mich hin- und hergerissen. Bei Oma fehlt mir Philip. Bei Philip quält mich das schlechte Gewissen ihr gegenüber. Sie hat ja sonst niemanden.

Oft düse ich dann viel früher als geplant zu ihr zurück. Zum Glück bin ich nicht mehr auf den Bus angewiesen. Ich habe mir nämlich von meinem Ausbildungsgehalt ein kleines Auto abgespart: alt, billig, aber fahrtüchtig. Für mich ist das endlich ein Stück Unabhängigkeit.

Wenn ich in der Woche bei Philip bin, sage ich Oma schon extra nichts davon. Offiziell besuche ich dann eine Freundin. Sie darf nicht wissen, dass ich zu meinem Freund fahre.

Sie hat nichts gegen ihn persönlich. Es geht mehr darum, dass sie keinen Mann an meiner Seite duldet oder besser: keinen Menschen. Sie will mich ganz für sich haben und flößt mir immer Schuldgefühle ein, wenn ich mal etwas unternehmen will.

»Lass doch deine alte Oma nicht allein. Ich habe so viel für dich getan, und jetzt lässt du mich im Stich. Du bist undankbar.« Ich weiß nicht, wie oft ich diese Sätze in letzter Zeit schon gehört habe.

Ich höre gar nicht richtig hin und antworte auch nicht.

Wenn ich dann aber zu Hause bin, hat sie doch ständig etwas an mir auszusetzen. Ich würde angeblich mein Zimmer nicht aufräumen, das Geschirr falsch abwaschen – nichts kann ich ihr recht machen. Sticheleien und Beleidigungen sind eher die Regel denn die Ausnahme. Doch ich nehme es hin.

So wie auch die vielen Einschränkungen. Ich bin mittlerweile zwar volljährig, muss aber bei Oma um jede Stunde betteln, die ich später nach Hause komme. Und wenn ich nicht auf sie höre, wird sie grob, richtig grob, nennt mich dann ein Flittchen.

»Mädchen, die sich nachts im Dorf herumtreiben, haben keinen guten Ruf«, sagt sie immer.

Ich glaube, sie braucht mich, um sich an jemandem abreagieren zu können. Ich will aber nicht länger ihr Fußabtreter sein. Es tut mir nicht gut. Ich fühle mich wohl, wenn ich bei Philip bin oder bei Rita oder im Salon. Und mir geht es zunehmend schlechter, wenn ich bei Oma bin.

***

Heute bin ich bei Philip und genieße den Abend. Ich rede so gern mit ihm und halte dabei seine Hand. Wir unterhalten uns über die neue Arbeit, über Elke und die Kolleginnen, über unsere Pläne, vielleicht schon bald nach Magdeburg zu ziehen. Wir werden abhauen, endlich von hier verschwinden, heiraten, eine gemeinsame Wohnung haben, ein gemeinsames glückliches Leben in der Stadt. In einem Jahr hat Philip dafür gespart, und dann sind wir weg.

Als ich gehen muss, gibt sich Philip plötzlich geheimnisvoll.

»Ich habe noch eine Überraschung für dich!«

»Wie aufregend, lass sehen!«

»Ja, warte!«

Er holt eine kleine Tüte aus dem Schrank. Darin steckt ein Schmuckkästchen, liebevoll in ein silbernes Band eingewickelt. Aber nicht nur das. Es ist mit einem kleinen echten Lavendelstrauß dekoriert.

Als Philip mir das Kästchen gibt, steigt mir der Geruch der Pflanze in die Nase – und plötzlich wirkt das ganze Zimmer lila.

»Na, Prinzessin, du magst doch Blumen. Wenn du mich jetzt ganz lieb streichelst, schenke ich dir einen der schönen Lavendelsträuße in den lila Töpfen. Die kannst du mit nach Hause nehmen und in dein Zimmer stellen. Riech doch mal, wie wunderbar die duften. Aber du musst mich streicheln. Du weißt ja, wo man das macht, wenn man sich lieb hat …«

Mein Magen verkrampft sich. Der Speichel läuft in meinem Mund zusammen. Mir wird übel, und ich muss mich übergeben.

Mit der Hand vor dem Mund stürme ich aus Philips Zimmer, direkt ins Bad, und dann würge ich über der Kloschüssel noch den letzten Rest des Mageninhalts heraus.

Philip ist mir nachgelaufen und steht besorgt neben mir. Er hält meinen Kopf fest, streichelt mir den Rücken. Er ist so fürsorglich, obwohl ihn meine heftige Reaktion bestimmt sehr befremdet. Er hat sich die Übergabe des Geschenks garantiert anders vorgestellt. Aber das lässt er sich nicht anmerken.

»Hast du das Essen nicht vertragen?«, fragt er später, als ich mich wieder gefasst habe.

»Ja, ich glaube, ich habe in der Mittagspause Mayonnaise gegessen, die war nicht gut. Ich hatte gleich so eine Ahnung …« Ich bin froh, dass er mir das glaubt.

Aber ich möchte nun doch auch wissen, was in dem Kästchen ist, das Philip mir überreicht hat.

Ich halte die Luft an und reiße das Papier auf. Die schrecklichen Lavendelblüten wickle ich gekonnt darin ein und bin froh, dass mir Philip den Papiermüll höflich aus der Hand nimmt und in seinem Papierkorb am anderen Ende des Zimmers entsorgt.

Im Kästchen ist ein kleines silbernes Armband. Es ist wunderschön und trägt die Initialen P. B., Philip Bertold.

»Es ist traumhaft schön«, murmle ich, und Freudentränen kullern mir über die Wange.

»Jetzt sind wir fast schon verlobt«, sagt Philip.

Er meint es ernst mit mir.

***

»Oma, mach bitte die Tür auf!« Ich weiß nicht, wie oft ich diesen Satz heute schon gesagt habe. Es ist Freitagabend, und Oma hat mich in meinem Zimmer eingeschlossen. Sie war total sauer, weil mich jemand mit Philip auf der Straße gesehen hat, als ich angeblich bei Rita war.

»Du treibst dich mit Jungs herum«, hat sie gebrüllt und mir einen Stoß in die Seite verpasst.

»Das ist Philip, wir sind zusammen«, habe ich versucht, sie zu beruhigen.

Aber es hat nichts gebracht. Sie hörte gar nicht zu, steigerte sich wieder in ihre Beschimpfungen hinein.

»Heute ist es Philip, morgen ein Tim und übermorgen der Martin. Du hast die Anlage zum Flittchen. Aber so weit lasse ich es nicht kommen. Das werde ich zu verhindern wissen«, hat sie getobt. Und dann, als ich mich umziehen wollte, um wegzufahren, hat sie mir plötzlich einen Eimer für die Nacht ins Zimmer gestellt und einen riesengroßen Teller mit Brot. Ich wusste gar nicht, was das sollte.

Doch dann hörte ich den Schlüssel. Sie hat mich tatsächlich einfach eingeschlossen.

Mittlerweile ist es bereits weit nach Mitternacht, und ich fühle mich wie eine Gefangene. Ich bin 18 Jahre alt, und Oma schließt mich ein wie ein ungehorsames Kind, das Stubenarrest hat. Das kann doch nicht wahr sein.

Ich bin zutiefst verletzt und ekle mich mit dem Eimer neben dem Bett. Nicht einmal die Toilette darf ich benutzen. Aber mein Handy hat sie mir nicht weggenommen. So kann ich wenigstens Philip schreiben, damit er sich keine Sorgen macht.

Er verspricht mir, dass wir so schnell wie möglich unsere Koffer packen. Ich bin volljährig, kann leben, wo ich will.

Ich bin freiwillig bei Oma, aber das will sie partout nicht wahrhaben. Sie will mich ganz für sich. Aber sie hat mir schon genug von meinem Leben genommen. Ich will weg, und sie muss endlich allein klarkommen.

In der Nacht kriege ich kein Auge zu. Die Situation belastet mich. Meine Oma bestimmt, was ich zu tun habe. So war es, als sie mich zu Heinz geschickt hat, und so ist es jetzt, wenn sie mich von dem einzigen Menschen fernhalten will, den ich liebe. Sie will ihren Einfluss auf mich nicht verlieren.

Ich starre auf den Teller. Da liegen mindestens sechs Scheiben Graubrot, dick belegt mit Wurst. Sie stellt mir immer so viel Essen hin, und ich esse, wenn ich Probleme habe, was meistens der Fall ist, alles auf und werde immer dicker. Ich fühle mich wie eine vor sich hin watschelnde Ente.

Vielleicht macht sie das ja ganz bewusst. Sie füttert mich, ach was, sie mästet mich, damit mich keiner will, ich keine Freunde habe und dann zwangsläufig bei ihr bleibe, weiterhin unter ihrem Einfluss stehe.

Mit einem Ruck schiebe ich angewidert den Teller nach hinten auf die Anrichte.

Ich will nicht mehr essen. Ich will ein anderes Leben. Ab heute gehe ich meinen eigenen Weg.

Kapitel 7

»Gratuliere! Sie erwarten ein Baby!«

Der Arzt strahlt mich an. Ich weiß einen Moment lang nicht, wie ich auf diese Nachricht reagieren soll. Nervös umfasse ich mit beiden Händen die Stuhllehne. Ich bin 19 Jahre alt und werde Mutter!

Wie fühlt sich das für mich an? Richtig gut!

Ich spüre Liebe in mir, eine grenzenlose Liebe. Ja, ich will dieses Kind, und ich werde ihm all die Liebe geben, die ich selbst nie bekommen habe.

Instinktiv streiche ich mir mit beiden Händen über den Bauch, so als wollte ich meinem Baby zeigen, dass ich es beschützen werde.

»Ist denn mit meinem Kind alles okay?«, frage ich besorgt nach. »Ich habe doch gesundheitliche Probleme. Kann das Baby ganz normal wachsen?«

»Davon gehe ich aus«, sagt der Arzt. »Mir ist nichts bekannt, das gegen einen normalen Verlauf einer Schwangerschaft spricht.«

Ich lehne mich selig im Stuhl zurück, schließe die Augen und lächle zufrieden. Jetzt wird alles gut mit mir. Das Baby wird meinem Leben einen Sinn geben. Ich weiß jetzt, warum ich stark sein muss.

Die letzten Monate sind besonders schwer für mich gewesen. Oma setzt nach wie vor alles daran, zwischen mich und

Philip einen Keil zu treiben und uns voneinander fernzuhalten. Aber wie man jetzt sieht, war sie damit nicht erfolgreich.

Meine Schmerzen sind im Laufe der Zeit jedenfalls immer schlimmer geworden. Ich vermute, es lag an dem ständigen Druck, dem dauernden Hin- und Hergerissensein.

Jedenfalls musste ich dann noch einmal in die Klinik und bin ein weiteres Mal operiert worden. Wieder ist ein Stück der Darmwand entfernt worden, aber wieder hat sich an meinen Blutungen nichts geändert. Ich bin deshalb in den letzten Wochen oft sehr verzweifelt gewesen. Es ist einfach ein schreckliches Gefühl, wenn man diese Beschwerden hat. Man fühlt sich ständig unsicher, ist voller Sorge, dass anderen etwas auffällt.

Zum Glück geht es wenigstens mit meiner Ausbildung voran. Im nächsten Jahr bin ich fertig und bekomme endlich genug Geld, um davon leben zu können.

Und zum Glück passt zwischen Philip und mich kein Blatt Papier.

Das Baby nimmt mir die rasche Entscheidung nun endgültig ab: Ich ziehe zu Philip, für immer. Oma muss sich damit abfinden. Ich habe jetzt meine eigene Familie.

Noch vor der Arztpraxis stehend, schreibe ich Philip eine SMS.

»Wir bekommen ein Baby!« – Blink.

Er antwortet sofort.

»Ich freue mich riesig!« – Blink.

»Wir werden eine glückliche kleine Familie, ganz bestimmt.« – Blink.

»Ich weiß das, mein Schatz, du wirst die beste Mutter der Welt sein.« – Blink.

»Ich freue mich so auf die Zeit, die kommt.« – Blink.

Ich bin glücklich.

***

Als ich im Bus zurück sitze, fühle ich mich großartig. Das Baby macht mich stark. Ich muss jetzt für uns beide kämpfen. Aber ich will dabei auch klug vorgehen.

Zu Hause sage ich noch nichts. Ich weiß doch genau, wie Oma darauf reagieren würde. Ein Baby ist genau das, was sie nicht für mich will. Denn jetzt muss sie mich ziehen lassen.

Mit meinen Eltern habe ich im Moment wenig Kontakt. Die wälzen ihre eigenen Probleme. Mama findet nach wie vor keine Arbeit. Papa hat Ärger auf dem Gestüt. Der Chef ist gestorben, und er weiß nicht, wie es mit dem Junior weitergeht. Max ist in einem schwierigen Alter, viel allein unterwegs, und meine Eltern wissen nie, ob er etwas anstellt oder nicht.

Ich spiele für sie nach wie vor keine große Rolle. Warum soll ich ihnen dann erzählen, dass sie Großeltern werden? Sie bekommen ihr Enkelkind vermutlich kaum zu sehen. Ich möchte nicht, dass es ähnliche Erfahrungen machen muss wie ich.

Und es wird auch Oma nicht kennenlernen. Ich werde dieses kleine Wesen in mir schützen – vor meiner Familie.

Philips Familie erzählen wir jedoch unsere wunderbare Nachricht.

Wir haben sie gebeten, zu Philip nach Halberstadt zu kommen, um uns in Ruhe zusammensetzen zu können. Ich habe den Tisch gedeckt, Philip besorgte Kuchen. Werner und Kathrin haben ihr kleines Kind dabei. Es ist ein Junge, und er ist supersüß. Fröhlich strampelt er in seiner Wippe, und die Vorstellung, bald auch so ein niedliches Würmchen zu haben, macht mich total froh.

Ich halte den Kleinen im Arm, als wir unser süßes Geheimnis verraten.

»Ihr werdet Großeltern«, kichere ich vergnügt, und Werner verschluckt sich fast an dem Kuchenstück. Doch dann freut er sich total für uns.

»Ist das schön. Dann hat unser Kleiner ja gleich einen Neffen oder eine Nichte«, strahlt er und gratuliert uns werdenden Eltern überschwänglich.

»Das passt prima!«, meint Kathrin. »Ich habe doch die ganze Erstausstattung noch. Ihr müsst nichts mehr kaufen. Ich freue mich riesig für euch.«

Ich bin an dem Nachmittag richtig selig. Ich habe jetzt eine neue Familie, eine, die mich liebt und akzeptiert. Endlich glaube ich daran, dass alles gut wird.

Die kommenden Monate plane ich gründlich. Ich werde bis zum Mutterschutz noch meine Ausbildung weitermachen und dann nach Halberstadt ziehen, um das Baby dort zur Welt zu bringen. Danach sind wir frei und können als Familie die Welt erobern.

Beenden kann ich die Ausbildung später, vielleicht in Halberstadt, wenn ich für das Kind einen Krippenplatz habe. Es wird alles richtig herrlich, ich weiß es.

Mit Oma rassle ich allerdings vier Wochen später noch einmal mächtig aneinander. Wir essen gerade, und sie fragt, ob wir zusammen fernsehen sollen. Aber ich habe keine Lust dazu und will lieber zu Philip.

»Du rennst da nicht immer hin! Ich habe dir schon hundertmal gesagt, dass du die Finger von ihm lassen sollst«, zischt sie mich an.

Heute aber fühle ich mich stark genug, wehre mich, zum ersten Mal in meinem Leben richtig heftig.

»Das kannst du dir abschminken. Ich halte mich nicht von Philip fern. Er ist der Vater meines Kindes!«

Omas Gesichtszüge erstarren, und dann macht sie, was sie am besten kann: Sie knallt mir eine. Patsch! Das war's.

Heulend renne ich in mein Zimmer. Ich will weg hier. Ich halte es nicht mehr aus. Diese Familie ist der blanke Horror.

Erst Philip schafft es, mich wieder zu beruhigen, und drängt mich dazu, nicht sofort die Koffer zu packen. »Sei doch klug«, appelliert er. »Die paar Wochen ziehst du das noch durch. Denk an deine berufliche Zukunft. Es macht sich nicht gut in den Papieren, wenn du jetzt schon wieder in einen neuen Betrieb gehst.«

Er hat recht. Es bringt nichts, gleich wegzulaufen. Ich bin erwachsen, ich werde Mutter. Ich muss Oma anders Paroli bieten.

***

»Sind Sie Diana Volkmann?«, fragt eine unbekannte Männerstimme.

Es ist neun Uhr abends, und ich bin auf dem Heimweg zu Philip. Ich habe heute lange im Salon gearbeitet, bin müde und freue mich auf mein Bett. Philip kehrt erst spät zurück. Als Koch kommt er selten vor dreiundzwanzig Uhr aus der Küche.

Es ist ungewöhnlich, dass mich um diese Zeit jemand mit unbekannter Nummer anruft, und ich bin etwas zögerlich bei meiner Antwort. Erlaubt sich jemand einen Witz? Oder ist es vielleicht gar ein Perverser, der mir gleich schmutzige Sachen erzählt.

So kommt mir mein »Ja« nur sehr verhalten über die Lippen.

»Hier ist die Polizeistation Halberstadt!«, teilt mir die Männerstimme mit. »Sind Sie die Freundin von Philip Bertold?«

Ich bleibe abrupt stehen und sage automatisch zum zweiten Mal »Ja«.

Was dann kommt, zieht mir den Boden unter den Füßen weg.

»Wir haben bereits versucht, Sie persönlich in der Wohnung Ihres Freundes zu erreichen. Leider trafen wir Sie dort nicht an.«

Ich bleibe abrupt stehen.

»Wo sind Sie jetzt? Wir würden Sie gern aufsuchen und mit Ihnen sprechen«, fährt der Beamte fort.

»Sie können jetzt mit mir reden, am Telefon!«, erwidere ich spontan.

Der Beamte räuspert sich, bevor er dann nach einer kurzen Pause weiterspricht: »Wir haben eine schlimme Nachricht ... Herr Bertold ist verunglückt.«

»Ist er tot?«, schießt es aus mir heraus.

»Ja, er hatte einen Autounfall. Über die Ursache herrscht noch Unklarheit. Sein Vater hat uns gebeten, Sie zu informieren. Wie gesagt, wir hätten das gern persönlich gemacht ...«

Alles um mich herum dreht sich, mein Herz poltert, ich zittere und weiß nicht mehr, wo ich eigentlich bin.

»Hallo? Brauchen Sie Hilfe?«, fragt die Männerstimme weiter, die wie von sehr weit her an mein Ohr dringt. Wo sind Sie? Wo können wir Sie erreichen?«

»Nein, alles gut«, sage ich mit letzter Kraft und drücke das Handy weg.

Philip ist tot! Das ist das Ende! Mein gerade erst gefundenes Leben zerbröselt zum Nichts. Jetzt macht alles keinen Sinn mehr.

Verzweifelt setze ich mich auf eine kleine Bank und weine bitterlich.

Später laufe ich durch die Nacht. Ich will nach Hause. Doch in unserer kleinen Wohnung halte ich es nicht aus.

Alles ist noch so, wie wir es am Morgen verlassen haben. Philips Kaffeetasse steht auf dem Tisch, daneben liegt das Messer, mit dem er sich sein Brötchen geschmiert hat. Sein Pullover hängt über der Stuhllehne.

Vor wenigen Stunden war all das hier selbstverständlich. Und jetzt soll es für immer vorbei sein? Neiiinn, das geht nicht. Es kann nicht sein, dass er mich einfach zurücklässt.

Ich schreie meinen Schmerz heraus, trommle mit den Fäusten gegen die Wand. Ich weiß einfach nicht, wohin mit meiner Verzweiflung.

Mit seinem Pullover vor der Brust schleppe ich mich später in unser Bett und weine, bis ich keine Tränen mehr habe. Es tut so furchtbar weh. Ich möchte sterben. Jetzt sofort.

Später halte ich das Alleinsein dann nicht mehr aus. Aber ich weiß nicht, wohin ich soll.

Rita geht nicht ans Telefon. Meine Eltern sind keine Hilfe. Ich kann nur zu Oma.

Mit dem Auto fahre ich durch die Nacht in der Hoffnung, bei ihr wenigstens etwas Trost zu finden.

Oma ist schockiert, als sie mich irgendwann kurz vor Mitternacht in der Tür stehen sieht.

»Was ist denn mit dir los?«, fragt sie irritiert. »Ist etwas passiert? Hattest du einen Unfall?«

»Ich nicht, aber Philip. Er ist tot«, schluchze ich heraus und sehe sie mit aufgerissenen Augen verzweifelt an. Mein Gesicht ist tränenverschmiert, mein Make-up zerlaufen, ich zittere am ganzen Körper und habe große Mühe, mich auf den Beinen zu halten.

»Ach so, ich dachte schon!«, ist nach einer langen Pause ihre Antwort. Das war's. Keine Umarmung, kein Trost, kein Mitgefühl. Nichts. Nur dieser eine Satz.

»Na, dann komm mal herein, und ruh dich aus. Du siehst ja schlimm aus. Ich koche dir einen Tee«, schlägt sie dann vor.

Sie dreht sich um und geht in die Küche. Bald darauf höre ich klapperndes Geschirr.

Wir trinken in der Küche Tee. Oma redet. Belangloses Zeug, wohlfeile Wahrheiten, dass der Tod zum Leben gehöre und man ihn hinnehmen müsse.

Ja, gut, aber ich bin verdammt noch mal erst 19, und Philip wurde nur 21 Jahre alt. Da denkt man nicht ans Sterben!

Ich will allein sein und lege mich ins Bett. Hier kann ich mich wegträumen, mir vorstellen, dass Philip gleich durch die Tür kommt und mich in seine Arme nimmt. Unsere Liebe kann nicht vorbei sein!

Ich starre das Handy an. Nie wieder wird es surren und mir Nachrichten von Philip schicken. Nie wieder wird er mir zuhören, mich trösten, meine Hand halten und mir versprechen, dass wir gemeinsam durchs Leben gehen.

Vielleicht ist er ja schon vorgegangen in diese schöne andere Welt und wartet dort auf mich.

Ich gehe zum Fenster, mache es weit auf und schaue in den sternenklaren Märzhimmel. Die kalte Luft lässt mich frösteln, und ich ziehe meine Strickjacke fest zusammen. »Philip, hörst du mich?«, flüstere ich leise. »Ich komme bald. Warte auf mich. Ich lasse dich nicht allein, nie.«

In dieser Nacht möchte ich sterben. Ich will nicht mehr leiden. Ich möchte, dass ich endlich Ruhe finde. Keine Schmerzen mehr, kein Leid, nur noch unendliche, tiefe Ruhe.

***

Von der Beerdigung bekomme ich nicht viel mit. Philips Eltern haben alles organisiert. Es ist sehr festlich, viele Leute sind gekommen, um von ihm Abschied zu nehmen: die Nachbarn, Kollegen, Mitschüler und das halbe Dorf. Die Mutter, die ja mit ihrem neuen Freund im Westen lebt, bricht am Grab zusammen. Philips jüngerer Bruder kümmert sich rührend um sie. Der Vater zittert so stark, dass sich alle Sorgen machen. Kathrin hat Mühe, ihn überhaupt zu halten.

Ich klammere mich an Rita. Sie steht neben mir und stützt mich. Von meiner Familie wollte ich niemanden dabeihaben.

Wie ich den Tag durchstehe, weiß ich nicht mehr. Ich bin wie weggeschaltet, funktioniere einfach.

Später, beim Kaffee im Dorflokal, dreht sich das Gespräch um den Unfall. Mittlerweile gibt es Details. Philip hat keine Schuld. Er war auf dem Weg nach Hause, als ihm in einem Vorort an einer Kreuzung von einem anderen Fahrzeug die Vorfahrt genommen wurde. Es war schon dunkel. Niemand hat den Unfall beobachtet. Philip war sofort tot, er starb an schwersten Kopfverletzungen. Nach dem Unfallverursacher wird gefahndet, aber die Polizei macht sich nur wenig Hoffnung, ihn zu finden.

Jemand hat ein junges Leben zerstört und wird vermutlich ungeschoren davonkommen. Aber ich habe keine Kraft, um wütend zu sein. Ich bin einfach nur tieftraurig.

***

»Atmen Sie bitte ganz ruhig weiter«, sagt der Arzt. »Gleich wird es etwas kalt auf der Haut.«

Ich bin im Krankenhaus, genauer: auf einer Liege in der Gynäkologie. Gerade führt der Arzt eine Ultraschalluntersuchung durch, dreht mir dabei aber, wie die anderen Male zuvor, den Bildschirm nicht zu. Offenbar befürchtet er, dass etwas nicht stimmt, und ich soll deshalb nicht zusehen. Ich bin schrecklich unruhig.

Eine Zeit lang herrscht Stille, eine ungute Stille.

»Das Baby ist leider nicht mehr am Leben. Es tut mir sehr leid!«, höre ich dann nach qualvollen Minuten, die mir wie eine Ewigkeit vorkommt, seine leise Stimme.

Der Arzt sieht mich mitfühlend an, drückt meine Hand.

Ich bekomme kaum Luft und stehe unter Schock. Eine Schwester schiebt den Ärmel meines Nachthemdes hoch. Sie gibt mir eine Spritze. »Zur Beruhigung. Das brauchen Sie jetzt«, sagt sie in fürsorglichem Ton.

»Mein Baby ist tot!« Ich schüttle ungläubig den Kopf und starre ihn mit aufgerissenen Augen an. »Das kann doch nicht sein!«, murmle ich Hilfe suchend.

»Leider doch! Es gibt keine Herztöne mehr. Wir haben alles versucht, leider vergeblich!«

Der Arzt schüttelt den Kopf. »Es tut mir wirklich sehr leid!«

Ich bleibe starr liegen, unfähig, darauf zu reagieren. Was habe ich bloß verbrochen, dass ich so viel Leid ertragen muss? Erst nimmt mir das Schicksal Philip und jetzt auch noch das Baby. Das kann doch kein Mensch ertragen ...

Gestern Abend bin ich ins Krankenhaus gekommen. Ich hatte schlimme Blutungen, allerdings dieses Mal nicht aus dem Darm, sondern aus meiner Vagina. Einen Tag lang habe ich geglaubt, es mit Bettruhe beheben zu können, aber dann kam zu dem großen Blutverlust noch hohes Fieber hinzu. Ich habe mich ganz benommen gefühlt, wie weggetreten.

Auch Oma hat Angst bekommen und mich von meinem Vater in die Klinik bringen lassen. Ich wollte das nicht, habe mich mit Händen und Füßen dagegen gewehrt. Doch Papa hat nicht lockergelassen. Meine Eltern haben mittlerweile ebenfalls gewusst, dass ich schwanger war. Oma hat es nach meinem unüberlegten Geständnis natürlich sofort erzählt. Aber sie haben im Gegensatz zu ihr sehr ruhig reagiert. Sie sind sofort zu mir gekommen und haben sich erzählen lassen, wie es weitergehen würde. Und sie waren sogar richtig stolz darauf, dass mir ein Plan für mein Leben vorschwebte. Das Schicksal hat allerdings offenbar etwas ganz anderes mit mir vor. Es will mich partout in die Knie zwingen. Ich soll nicht glücklich sein.

Im Krankenhaus angekommen, wurde es dann sofort hektisch. Ich bin in der 27. Schwangerschaftswoche, und die Blutungen kamen allen sehr bedenklich vor.

Ich habe an der Hektik der Schwestern gemerkt, dass es nicht gut um das Baby stehen kann ...

Jetzt habe ich Gewissheit. Mein Baby ist tot!

Ich weine bitterlich. Der Schmerz zerreißt mich.

»Aber warum?«, schluchze ich verzweifelt.

Es gibt keine Antwort.

Später setzt sich ein Arzt zu mir auf die Bettkante.

»Es gibt keine Erklärung. So etwas ist Schicksal. Zum Glück sind Sie noch sehr jung und können auch später noch ein Baby bekommen.«

Er will mich damit trösten. Aber es gelingt ihm nicht. Mein Baby ist nicht zu ersetzen. Mit dem Tod Franziskas, wie ich die Kleine nenne, zerbricht auch mein Traum vom Familienleben.

***

Der Sarg ist winzig klein und schneeweiß. Franziskas Opa, Philips Papa Werner, hat ihn gekauft.

Ich stehe innerhalb weniger Wochen zum zweiten Mal auf dem Friedhof und beerdige nach meinen Mann auch mein Kind. Werner ist an meiner Seite. Er hat auch dieses Mal wieder alles organisiert.

Es gibt einen kleinen Trauergottesdienst. Der Pfarrer findet liebevolle Abschiedsworte. Dann wird der Sarg auf einen Wagen gestellt und zum bereits ausgehobenen Grab gerollt. Wir gehen langsam hinterher. Wir, das sind Werner, Kathrin, Rita und ich. Meine Familie weiß nichts davon. Ich habe sie nicht eingeladen. Ich will sie nicht sehen.

Nachdem das kleine Wesen seine letzte Ruhestätte gefunden hat, lädt uns Werner noch ein. Er möchte uns die Gelegenheit geben, gemeinsam Abschied zu nehmen, im Rahmen der Familie.

Dank Philip durfte ich erfahren, wie Familien sein können: Sie halten zusammen, sind füreinander da, jeder schützt jeden. Es ist schön, so viel Nähe zu spüren.

»Du bist noch jung«, sagt Werner und wiederholt den Satz des Arztes. Ich weiß, was er sagen will. Aber jedes Kind ist einzigartig. So wie meine kleine Franziska. Und jetzt liegt sie in der kalten Erde.

Werner bringt mich nach Hause. Ich habe keine Vorstellung, wie ich weiterleben soll.

***

Meine Eltern sind zu meinem Geburtstag gekommen, um mit mir Kuchen zu essen. Aber ich starre einfach nur auf den Teller vor mir und warte, dass es vorbei ist.

Ich fühle mich schrecklich, gehe zwar noch in den Salon, um mich abzulenken, wundere mich aber, dass ich es schaffe. Ich erledige alles mechanisch, wie fremdbestimmt. Aufstehen, losfahren, arbeiten, zurückkommen, ins Bett gehen.

Ich esse nichts. Das geht nicht. Aber ich denke auch an nichts. Das geht nicht. Ich bin innerlich tot. Ein Zombie.

Die einzige Hilfe, die ich habe, ist meine Freundin Rita. Sie ist Altenpflegerin geworden und kann mit Menschen in Notlagen gut umgehen. Sie spricht viel mit mir und rät mir auch dringend, einen Psychologen aufzusuchen.

»Du brauchst Hilfe«, wiederholt sie Mal um Mal, und ich weiß, dass sie recht hat. Aber ich bin viel zu müde, um mich darum zu kümmern.

Um sieben Uhr hat sich die absurde Geburtstagsgesellschaft endlich aufgelöst, und ich lege mich ins Bett. Aber ich halte die Stille nicht aus. Die Enge des Zimmers erdrückt mich. Also schleiche ich mich an Oma vorbei, wo ich in meiner Not wieder eingezogen bin, in mein Auto und fahre los.

Ich habe kein Ziel. Ich fahre einfach so lange, bis der Tank leer ist und ich stehen bleibe. Ich fühle nichts mehr.

Irgendwann wird es dunkel. Die Straße ist schlecht beleuchtet. Ich kann kaum mehr den Mittelstreifen erkennen. Aber ich gebe trotzdem Gas. Um mich herum und auch in mir herrscht eine abgrundtiefe Dunkelheit. Jedes Gespür für Raum und Zeit habe ich längst verloren.

Eigentlich gibt es mich gar nicht mehr. Ich fühle mich leicht, ich fliege, immer weiter, immer höher. Ins Nichts.

***

Im Polizeiwagen werde ich zurückgebracht. Jemand hat einen Knall gehört und die Beamten verständigt.

Man hat mich an einem Brückenpfeiler gefunden. Das Auto ist ein Totalschaden, aber mir ist komischerweise wenig passiert.

Im Krankenhaus diagnostiziert man eine leichte Gehirnerschütterung. Ich kann in derselben Nacht noch nach Hause gehen, soll mich aber ein paar Tage lang ausruhen.

Mein Gesicht weist einige kleinere Kratzer auf, die Unterarme haben blaue Flecken. Ich bin mehr als glimpflich davongekommen.

Als meine Oma die Tür öffnet, fällt ihr auch dieses Mal nicht mehr ein als: »Was hast du denn wieder angestellt?« Sie fragt nicht, was passiert ist und wie es mir geht.

Ich gehe wortlos an ihr vorbei in mein Zimmer, will nichts mehr hören und hoffe nur, dass sie nicht gleich auch noch in mein Zimmer stürmt oder mir einen Tee kochen will.

Als ich die Polizeibeamten wegfahren höre, ziehe ich mir zum Schutz die Bettdecke über den Kopf.

Ich hoffe, die ganze Welt lässt mich in Ruhe.

Die ganze Nacht liege ich wach. In meiner Not schicke ich zuerst Rita und dann Gaby, der Freundin meines Onkels, eine SMS. Gaby ist oft zu Besuch bei ihm im Nachbarhaus, und ich verstehe mich mittlerweile richtig gut mit ihr.

Sie hat mitbekommen, wie meine Oma mich geschlagen und beleidigt hat. Jedes Mal hat sie dann versucht, mir zu helfen, und mich in Schutz genommen, sich damit aber nur Omas Zorn zugezogen. Die beiden sprechen kaum mehr ein Wort miteinander.

Besonders in den letzten Wochen habe ich bei Gaby oft mein Herz ausgeschüttet. Sie hört mir zu, gibt mir auch Ratschläge. Mit ihren knapp vierzig Jahren hat sie viel mehr Lebenserfahrung als ich und meint es gut mit mir.

Auch jetzt wimmelt sie mich nicht ab, sondern nimmt sich viel Zeit, als wir dann telefonieren. Obwohl es mitten in der Nacht ist, lässt sie mich erzählen. Über meine Ängste, meine ständigen Schmerzen und über meine Hoffnungslosigkeit.

Wo soll ich nur hin? Oma wird mich weiter benutzen, mich mit ihrer ewigen Jammerei, ihren Drohungen und Schlägen gefügig machen und weiterhin versuchen, mich an sich zu ketten, weil es sonst niemand mit ihr aushält und sie Angst vor dem Alleinsein hat. Ich kann mich in meiner Lage nicht dagegen wehren. Allein habe ich nicht die Kraft dazu.

Ich muss weg, aber ich brauche Hilfe.

Kapitel 8

»Los, komm, wir gehen.« Gaby steht am nächsten Morgen vor meinem Bett und zieht die Decke weg. »Mach dich fertig, schnell. Oma ist zum Einkaufen. Ich bringe dich hier raus!«

Ich bin noch ganz benommen und verstehe nicht recht.

»Was ist los? Wo soll ich denn hin?«, klage ich. Doch Gaby fasst mich schon am Arm und zieht mich nach oben. Blitzschnell kramt sie ein paar Kleidungsstücke aus meinem Schrank und legt sie mir hin.

»Komm, zieh dich an! Wir dürfen keine Zeit verlieren. Die Oma ist gleich zurück. Ich will nicht, dass du sie noch siehst. Du weißt ja, was dann los ist.«

»Ich soll weg? Wohin denn?«, frage ich und bin plötzlich hellwach. Viermal habe ich bereits versucht zu entkommen, das letzte Mal wollte ich sogar in den Tod. Doch nie hat es geklappt. Jetzt, beim fünften Versuch, soll ich wirklich Glück haben?

Ich ziehe mich in Sekundenschnelle an, packe rasch Kleidung und ein paar Habseligkeiten für die kommende Zeit zusammen, und dann stehe ich vor Gaby.

»Wo bringst du mich denn hin?«, frage ich.

»Ins Frauenhaus nach Halberstadt. Ich kenne die Leiterin. Los, komm. Wir müssen los!«

Wie eine Verbrecherin auf der Flucht stehle ich mich aus dem Haus, in dem ich fast mein ganzes Leben gelitten habe. Ich sehe noch einmal zurück in mein Zimmer. So viele Erinnerungen gehen mir durch den Kopf.

»Kommst du endlich?« Gaby macht Druck. Ich schließe die Tür. Dieses Mal gibt es kein Zurück. Ich schöpfe auf einmal wieder Zuversicht und Mut. Mit Gabys Hilfe werde ich es diesmal schaffen.

Als wir im Auto durch den Ort fahren, ducke ich mich tief ins Wageninnere. Ich bin immer noch voller Angst. Wenn Oma mich jetzt erwischt, wird sie mich wieder manipulieren können. Ich brauche dringend den räumlichen und emotionalen Abstand, um mich ihrem Einfluss dauerhaft entziehen zu können.

Im Frauenhaus werden wir beide schon erwartet. Es ist ein gepflegter, schmuck hergerichteter Altbau in der Innenstadt. Auf dem Klingelschild am Eingang steht ein normaler Familienname. Niemand soll wissen, dass hier misshandelte Frauen Zuflucht finden. Man will mit der Anonymität vermeiden, dass sich jemand Zutritt verschafft, der dort nicht hingehört.

Die Leiterin heißt Margot, eine kleine, füllige Frau mit blonden Locken und blauen Kulleraugen, und das Überraschende ist, ich kenne sie, gut sogar. Denn sie war zufällig Kundin im Friseursalon meines Heimatortes. Ich wusste, dass sie als Sozialarbeiterin tätig ist, hatte aber keine Ahnung, dass sie ein Frauenhaus leitet. Aber das soll ja auch geheim bleiben.

Margot ist mir schon als Kundin sehr sympathisch gewesen, und jetzt bin ich dankbar, dass sie mich unterstützen will.

Sie bittet mich zuerst in ihr Büro. Es ist ein hübscher kleiner, ganz in Rot gehaltener Raum mit einem beigefarbenen Korbsofa und zwei gemütlichen Stühlen. Ich darf es mir auf dem Sofa bequem machen und fühle mich sofort willkommen.

Margot fragt nach meinen Personalien und meinen Finanzen. Sie weiß, dass mir Geld zusteht, und sucht mir die entsprechenden Anträge heraus, erklärt mir, wie und wo ich Hilfe finde.

Anschließend zeigt sie mir das Haus. Alles ist fremd, aber ich fühle mich wohl. Eine junge Mutti, die sich als Ina vorstellt, stellt mir eine Tasse Kaffee hin. Ich freue mich sehr über so viel Zuwendung. Insgesamt leben fünf Frauen hier, dazu noch vier Kinder. Ich bin die einzige Frau, die allein ist.

In meinem Zimmer fühle ich mich sofort angekommen. Es ist sehr liebevoll eingerichtet, mit blassrosa Gardinen und passender Bettwäsche. Ich habe einen großen Kleiderschrank, in dem ich meine wenigen Habseligkeiten verstauen kann. Dazu gibt es für die Bewohnerinnen zwei sehr schöne Bäder, eine großzügige Küche und einen riesengroßen Wohnbereich. Die von außen so unauffällig aussehende Wohnung ist frisch renoviert, sehr hell, sehr schick. Und überaus passend für die Mütter: genau über einem Kindergarten gelegen.

»Du wirst aufatmen, glaube mir. Ich habe mit Margot gesprochen. Sie kommt auch mit, wenn wir später bei Gelegenheit deine restlichen Sachen holen. Dann bist du endlich frei.«

Gaby ist die ganze Zeit an meiner Seite gewesen. Nun setzt sie sich zu mir aufs Bett und nimmt mich fest in den Arm.

»Ich bin so froh, Kleines. Es ist vorbei!«

Ich sehe sie ungläubig an.

»Meinst du wirklich?«

Gaby streicht mir sanft übers Gesicht.

»Ja, ich bin mir sicher. Es ist alles gut. Jetzt brauchst du erst einmal Zeit, um all das Erlebte zu verarbeiten ...«

***

Nachdem ich wieder etwas zur Ruhe gekommen bin, beschließen wir, noch einmal zu Oma zurückzukehren. Wir wollen meine restlichen Sachen abholen und ins Frauenhaus bringen. »Es ist wichtig, dass wir nun Nägel mit Köpfen machen. Ich habe

Sorge, dass du ansonsten wieder Angst bekommst und alles von vorn losgeht«, mahnte Gaby.

Und so setze ich mich also gehorsam auf die Rückbank von Margots Auto und fahre in Begleitung von ihr und Gaby, die gekommen ist, um mir den Rücken zu stärken, zu meiner Oma.

Ich bin diese Strecke in meinem Leben zahllose Male gefahren, und doch ist es diesmal ganz anders. Die Bäume rauschen vorbei, und ich fühle mich wie auf einer Abschiedstour, denn ich werde danach nicht mehr zurückkehren. Nur noch dieses eine Mal, das war's dann. Das nehme ich mir ganz fest vor. Es soll der Schlussstrich unter ein Leben sein, das so qualvoll für mich war, dass ich es beenden wollte. Jetzt aber fängt ein neues an.

Als der Wagen vor Omas Haus fährt, bekomme ich allerdings doch wieder Fracksausen. Ich fürchte, dass sie ausrastet, mich schlägt und beschimpft.

Margot sieht, dass ich zittere, und greift mit ihrer Hand nach hinten. »Komm, Diana, sei stark. Du bist nicht allein.«

Wir steigen alle drei aus, und ich verstecke mich wie ein kleines Kind hinter den beiden Frauen.

Als Oma öffnet, ist sie erst einmal baff. Sie sieht zuerst Gaby fragend an, anschließend mich. »Was soll das?«, poltert sie dann los.

»Es geht nicht anders. Diana braucht Hilfe. Du weißt doch, was passiert ist. Sie muss hier raus«, versucht Gaby, ihr die Situation zu erklären.

»Wieso? Es geht ihr doch gut bei mir«, meint Oma und hat mich sofort auf dem Kieker.

»Warum versteckst du dich eigentlich vor mir, du undankbare Göre. Ich habe jahrelang alles für dich getan, und jetzt hetzt du noch Gaby auf und holst fremde Leute ins Haus.«

Dann sieht sie Margot an. »Glauben Sie der kein Wort. Die denkt sich alles Mögliche aus. Wenn sie den Mund aufmacht, lügt sie. Sie ist ein ganz durchtriebenes Stück.«

Margot geht mit keinem Satz darauf ein und fragt nur kühl: »Kann Diana ihre Sachen holen, ja oder nein?«

Oma merkt, dass sie mit ihrer aufbrausenden Art nicht weiterkommt, und macht einen Schritt zur Seite.

Margot nickt ihr höflich zu und geht dann schweigend an Oma vorbei ins Haus. Gaby zeigt ihr den Weg zu meinem Zimmer, und ich trotte verloren hinter den beiden her. Dabei blicke ich starr zu Boden. Ich habe Angst vor Oma, die uns in einigem Abstand folgt.

In meinem Zimmer stopfe ich alles, was ich besitze, eilig in drei mitgebrachte Plastikkörbe. Ganz oben liegt Bärbel. Sie gehört zu mir. Ich habe ihr so viele Grausamkeiten anvertraut, sie kommt mit. Auch ein paar Kuscheltiere packe ich ein. Nur Benny, den lilafarbenen Elefanten, den lasse ich zurück. Ich kann seine Farbe nicht ertragen. Dazu suche ich schnell meine Zeugnisse zusammen.

Nach wenigen Minuten stehe ich wieder am Auto.

»Alles gut?«, will Margot wissen.

Ich nicke.

»Kann es losgehen?«

»Ja, und zwar so schnell wie möglich.«

Gaby fährt nicht mit zurück. Sie verabschiedet sich aber noch innig an der Tür von mir.

»Bestimmt macht Oma jetzt Ärger«, sage ich kleinlaut zu ihr und habe ein ganz schlechtes Gewissen, sie jetzt hier zurückzulassen.

»Mach dir mal keine Sorgen. Ich kann mich wehren. Deine Oma hat mir gar nichts zu sagen.«

Sie streicht mir schnell über den Handrücken.

»Es geht um dich, denk daran. Sieh zu, dass du wieder auf die Beine kommst, und ruf an, wenn du Hilfe brauchst.«

Dann beugt sie sich noch schnell zu Margot.

»Pass gut auf sie auf. Sie braucht wirklich jemanden, der sich um sie kümmert!«

Als Margot losfährt, winke ich Gaby zum Abschied zu. Tränen rollen über meine Wangen.

Wir fahren an Heinz' Haus vorbei. Die Zeit scheint sich zu dehnen. Mein Kopf fühlt sich an wie in Watte gepackt.

Er ist tot! Das hat mir Oma eben noch auf die Schnelle in dürren Worten mitgeteilt. Sie habe vor einigen Tagen einen Krankenwagen vor der Tür des Nachbarhauses bemerkt und wenig später von Frieda erfahren, dass er einen Herzinfarkt erlitt. Er ist noch in die Klinik gekommen, aber dort dann ziemlich schnell gestorben.

Es ist endlich vorbei für mich.

Frieda steht am Fenster. Sie ist innerhalb kurzer Zeit alt geworden und wirkt sehr gebrechlich. Ich glaube, sie ist unglücklich. Sie ist keine böse Frau, nur eine schwache. Sie hat weggesehen, all die Jahre. An dieser Schuld zerbricht sie.

***

Margot ist klasse. Sie kämpft wie eine Löwin für mich und hat sogar erreicht, dass ich meine Ausbildungsstelle in Halberstadt behalten kann. In eineinhalb Jahren werde ich fertig sein. Das macht mir Hoffnung. Mit ihrer Hilfe bekomme ich zudem hoffentlich bald eine eigene kleine Wohnung. Die Aussicht auf ein eigenes Zuhause, in dem ich vor allem sicher bin, gibt mir Mut und Hoffnung.

Mit jedem Tag Freiheit fühle ich mich besser. Ich beginne wieder zaghaft, das Leben zu lieben.

Dabei hilft mir auch Ina, mit der ich mich mittlerweile angefreundet habe. Sie ist von ihrem Mann windelweich geschlagen worden und hat sich nachts mit ihrem zweijährigen Sohn zur Polizei geflüchtet. Das war vor einem halben Jahr. Seitdem lebt sie bei Margot, braucht aber noch Zeit, bevor sie wieder auf eigenen Beinen stehen kann.

»Der Kerl hat alles aus mir herausgeprügelt«, hat sie mir eines Abends gebeichtet. Es tut gut, nicht allein mit dieser Gewalterfahrung zu sein. Vom Missbrauch erzähle ich nichts. Ich kann es nicht.

Ina ist es auch, die mich eines Tages dann überredet, mit ihr auf das Straßenfest in Halberstadt zu gehen. Eigentlich mag ich es nicht, unter so vielen Menschen zu sein. Es macht mir Angst. Aber sie schlägt mir immer wieder vor, hinzugehen, und schließlich sage ich zu.

Rückblickend ist es mein großes Glück. Denn der Abend in Halberstadt wird mein ganzes Leben verändern.

***

»Hey, sieh mal, der dunkelhaarige Typ vom Sicherheitsdienst. Der gefällt mir!« Ina blinzelt mir übermütig zu und weist mit dem Kopf auf zwei Jungs, die mit einer gelben Weste mit Security-Aufschrift an einer Straßenabsperrung stehen.

Ich sehe nur kurz zu den beiden hinüber und bin eigentlich ein bisschen sauer. Ich habe mich auf den Abend mit Ina gefreut und überhaupt keine Lust, mit Männern anzubandeln. Philips Tod geht mir viel zu nah, und ich kann mir nicht vorstellen, dass irgendwann jemand seinen Platz in meinem Herzen einnimmt.

»Nun sieh mal, er lacht mich schon an«, kichert Ina jetzt und ergänzt dann augenzwinkernd: »Der Rechte, der Dunkelhaarige, der mag mich. Du nimmst den Blonden und ich den meinen. Komm, ich kläre das für uns.«

Ina ist mehr als offensiv, und ihr Verhalten ist mir peinlich. »Lass das bitte«, versuche ich sie aufzuhalten und ziehe sie am Ärmel zurück. Aber sie lässt mich einfach stehen und geht direkt auf die beiden zu. Ich beobachte von Weitem, wie sie sich unterhalten. Zum Glück blitzt Ina ab.

»Die beiden müssen arbeiten und haben keine Zeit für zwei hübsche Mädchen«, ruft sie mir herüber.

Ich bin erleichtert, als sie zurückkommt, und gemeinsam schlendern wir noch entspannt über das Fest. Aber Ina ist in Flirtlaune. Als wir auf dem Heimweg wieder an der Absperrung vorbeikommen, hat sie die beiden Jungs erneut im Visier. Mittlerweile haben sie ihre Security-Weste ausgezogen. Offenbar ist Dienstschluss, und die Ablösung hat übernommen.

Ina nutzt die Chance. »Mögt ihr noch einmal mit uns zurück auf das Fest gehen? Ihr habt doch noch gar nichts davon gesehen!«

Der Dunkelhaarige ist sofort Feuer und Flamme.

»Prima Idee. Ich heiße übrigens David!« Und dann stellt er sich sofort vertraut neben mich.

»Nein danke, es ist schon zu spät«, werfe ich rasch ein und hoffe, damit der Situation zu entkommen. Doch die anderen drei sind einer Meinung und überreden mich schließlich, mitzukommen.

David weicht nicht mehr von meiner Seite, und Ina muss sich schweren Herzens mit seinem Freund Marko zufriedengeben. Doch das klappt prima. Die beiden unterhalten sich angeregt.

»Wo wohnst du?«, will David von mir wissen. Aber bei der Frage beißt er auf Granit. Wir dürfen nicht sagen, wo wir leben. Die Adresse des Frauenhauses ist tabu, für jeden. Daran halten wir uns alle.

Unser gemeinsamer Ausflug ist nett. Ina und Marko schäkern ein bisschen und trinken viel.

David und ich hingegen lassen es ruhig angehen. Wir trinken nichts, reden dafür umso mehr. David hat gerade Abitur gemacht und überlegt noch, wie es für ihn beruflich weitergeht. Er denkt an ein Studium, aber auch an eine Ausbildung. Auf jeden Fall soll es Informatik sein.

Ich höre ihm gern zu. Er ist gebildet, sanft, gut erzogen.

David reist gern, erzählt von Italien, mag wie ich Musik. Wir können uns gut unterhalten. Ich finde ihn sympathisch, aber mehr auch nicht. Ein Flirt ist nicht mein Ding.

Um kurz vor Mitternacht müssen wir nach Hause. Das Frauenhaus erwartet, dass dann alle zurück sind. Ich verabschiede mich von David und bin mir sicher, dass ich ihn nie wiedersehen werde. In meinem verpfuschten Leben ist noch so viel Unordnung. Da gibt es keinen Platz für einen Mann. Ich habe noch viel zu erledigen, das wichtiger ist. Und in erster Linie geht es dabei um mich.

»Hier, meine Nummer. Ich hoffe, du meldest dich mal!«, sagt David und steckt mir einen Zettel zu.

»Deine Nummer?« Ich bin ganz irritiert. Warum interessiert sich so ein Mann für mich. Ich bin wieder viel zu dick, stecke bis obenhin voller Ängste, habe allerlei Ticks und Marotten. Wenn er all das wüsste, hätte er mir seine Telefonnummer sicher nicht gegeben. Doch er kennt nur meine Fassade. Was sich alles an Problemen dahinter verbirgt, kann er nicht mal ansatzweise erahnen.

Ich lächle ihm zum Abschied zu. Er will mir noch einen Kuss auf die Wange geben. Lieb gemeint, aber er ahnt eben nicht, dass ich keine Berührungen ertrage. Schnell drehe ich den Kopf zur Seite, murmle: »Lass mal, nicht böse sein.«

Ina schüttelt nur verständnislos den Kopf. »Diana ist etwas scheu«, meint sie und knufft mich in die Seite.

Ich stecke Davids Karte nur aus Höflichkeit ein, werde mich aber auf keinen Fall bei ihm melden. Und weil ich mir da ganz sicher bin, werfe ich sie wenig später auch achtlos in den Müll.

***

»Hey, hier ist David. Hast du Lust, mit mir etwas trinken zu gehen?«

Wie geht das denn? Woher hat er meine Nummer? Ich kann mir dann aber schon denken, wer nicht dichtgehalten hat: Ina. Sie zieht nämlich bald um und hat Marko und David dabei um Hilfe gebeten. Ich jedoch ziehe nicht um und lege auch keinen Wert auf Gesellschaft.

»Sorry, habe keine Zeit!«, tippe ich in das Handy und lege es weit weg. Ich will meine Ruhe.

Aber David scheint das nicht abzuschrecken. Er schreibt mir einfach unbekümmert weiter. Jeden Tag bekomme ich von nun an Nachrichten von ihm. Entweder erzählt er mir, was er gerade macht, oder er lädt mich ein: zum Spazierengehen, in die Disco, zu einem Kaffee. Ich wimmle ihn jedes Mal ab, gehe nie auf seine Vorschläge ein.

Warum eigentlich nicht? Er ist nett, höflich und offensichtlich wirklich um mich bemüht. Aber ich will eben keinen Mann in meinem Leben.

Nach einigen Wochen bin ich allerdings weichgekocht.

»Ich bin's, Diana. Wollen wir uns treffen?«, frage ich jetzt direkt heraus.

»Das ist schön. Wo?«, freut er sich.

»In dem kleinen Bistro in der Innenstadt?«

»Heute Nachmittag?«

»Gern.«

»Alles klar!«

Unser erstes Treffen ist kein Date. Ich will nichts von ihm. Aber wir reden, über unser Leben, unsere Wünsche und Träume. Davids Familienverhältnisse sind ebenfalls alles andere als unkompliziert. Seine Eltern sind geschieden. Sein Vater lebt in Wien. David mit seiner Mutter und ihrem neuen Partner in Halberstadt. Leider versteht sich David mit dem Mann überhaupt nicht und fühlt sich ziemlich allein und einsam.

Er arbeitet sich seit dem Abi seinen Kummer weg und ist sehr fleißig. Im Moment jobbt er in einem IT-Unternehmen und wartet auf den Studienbeginn. Aber er ist unsicher, ob es das Richtige für ihn ist.

»Was glaubst du?«, fragt er mich, als wüsste ich eine Antwort. Ich fühle mich geschmeichelt. Da ist jemand, der mir seine Gedanken anvertraut, der mich sogar um Rat fragt. Ich bin sehr gerührt.

»Ich kann dir nur raten, auf dein Herz zu hören«, sage ich etwas altklug. »Seitdem ich das mache, geht es mir besser.« Und dann erzähle ich von meiner schwierigen Situation. Dass ich keinen Kontakt mehr zu meiner Oma haben wolle, meine Eltern sich nicht wirklich für mich interessierten und ich vor einem totalen Neustart stünde.

David hört mir genauso aufmerksam zu wie ich ihm. Und mit jedem Wort webt sich ein unsichtbares Netz zwischen uns. Wir werden an diesem Nachmittag im Bistro zu Vertrauten, die füreinander da sind. Wir können uns gegenseitig Halt geben. Das ist wertvoll.

Als David sich später von mir verabschiedet, lasse ich keine weiteren Gefühle zu. Ich habe andere, wichtige Baustellen. Ich will nicht mein Herz an jemanden verlieren und schon wieder leiden. Zu viel habe ich erlebt.

Doch David ist hartnäckig. Er ruft ständig an, und wir treffen uns bald regelmäßig. Aber wir reden nur über unsere Arbeit. Ich gehe gern in den Salon, mag meine Kollegen und bin eifrig. Ich will endlich meine Ausbildung erfolgreich beenden.

Zudem fand ich mithilfe Margots und des zuständigen Amtes endlich eine eigene Wohnung, die ich kuschelig eingerichtet habe: mein kleines Heim, in dem ich mich sicher fühle.

David hat zwischenzeitlich sein Studium angefangen. Er will es wirklich versuchen.

Wir reden viel. David liebt wie ich die Natur, ist gern draußen unter freiem Himmel. Aber er spielt auch leidenschaftlich gern Computerspiele, was mich nun gar nicht interessiert. Dafür koche ich gut, wovon er natürlich gern profitiert. Wir ergänzen uns, geben uns neue Impulse, sind einfach gern zusammen.

Es könnte passen mit uns. Aber so weit lasse ich es gar nicht kommen. Ich sehe in ihm einen Freund, nicht mehr. Gefühle halte ich gut verschlossen unter dem Deckel.

David kann sich als Erster tatsächlich mehr vorstellen.

»Ich habe mich in dich verliebt«, sagt er eines Abends, als wir zusammen spazieren gehen. Wir treffen uns übrigens meistens draußen. Ich mag niemanden in meiner Wohnung haben. Die gehört mir allein. Das muss auch David verstehen.

Tut er auch.

Und nun sagt David auf einmal ganz offen, dass er sich eine Beziehung wünsche.

In dem Moment, als das Wort Liebe fällt, bin ich überaus verunsichert. Gut, ich mag ihn, sehr sogar. Nach der Katastrophe mit Philip hätte ich mir das nicht vorstellen können. Aber David ist es mit seiner einfühlsamen Art gelungen, mein Herz zu erobern. Und ich darf mich trotzdem nicht auf ihn einlassen. Auf ihn nicht und auch auf keinen anderen Mann. Zu sehr kämpfe ich noch mit meiner dunklen Vergangenheit.

»Ich denke, es ist besser, wenn wir Freunde bleiben«, weiche ich ihm aus.

»Wir können es ja ganz langsam angehen«, schlägt David lächelnd vor.

Unsere Blicke treffen sich. Es ist schön, wenn er bei mir ist.

»Aber das kann dauern«, sage ich offen, und in dem Moment spüre ich einen Stich im Herzen. Was ist eigentlich, wenn ich ihn damit abschrecke? Wie sähe mein Leben aus, wenn es David darin nicht mehr gäbe?

»Hast du Geduld?«, frage ich schnell und sehe ihn beunruhigt an.

»Du hast alle Zeit der Welt!«

David bleibt stehen, nimmt meine Hand. Ganz sanft, ganz vorsichtig. Ich lehne meinen Kopf an seine Brust und spüre seit Langem wieder Geborgenheit.

***

»Warum kommst du nicht zurück?«

Ich schneide gerade einer Stammkundin die Haare, als Oma plötzlich im Salon auftaucht.

Vermutlich ist ihr zu Hause die Decke auf den Kopf gefallen. Es ist leider nicht das erste Mal. In den letzten Wochen ist sie mehrmals im Geschäft erschienen. Diesmal hat sie sich sogar richtig herausgeputzt, ihr Lieblingskleid und den Sonntagsmantel angezogen. Ihre Dauerwelle wirkt frisch gemacht.

Sie sieht mich lauernd an.

»Diana, du kannst mich doch nicht einfach im Stich lassen«, zischt sie vorwurfsvoll. »Ich war immer für dich da. Jetzt bin ich alt, nun musst du für mich da sein.«

Ich atme tief durch, versuche, mich einfach weiter auf die Kundin zu konzentrieren. Ich weiß nicht, was ich Oma entgegnen soll. Doch ich kehre nicht zurück, basta.

»... Eigentlich sollte das doch selbstverständlich sein. Aber du bist eben egoistisch, denkst nur an dich. Alle anderen sind dir egal.«

»Oma, bitte, lass das.«

»Nein, lasse ich nicht. Du bist und bleibst eine unverschämte Göre.«

Dann geht es wieder los, es kommen nur noch Vorhaltungen und Beleidigungen.

Sie soll gehen. Jetzt. Sofort.

Ich zittere und habe Mühe, die Schere zu halten. Es ist, als ob ich die Gegenwart verlasse und zurück in die Vergangenheit sause. Die Zeit ist wie zurückgedreht. Ich bin jetzt wieder das ängstliche, eingeschüchterte Kind von damals, das nach Beschimpfungen und Schlägen immer alles tut, um seine Oma zufriedenzustellen, um endlich geliebt zu werden.

Völlig verunsichert blicke ich zu Boden und weiß nicht, wie ich auf ihren Redeschwall reagieren soll.

»Oma, lass doch«, flüstere ich leise, weil es mir so peinlich ist, dass all das vor den Kollegen und Kunden passiert.

Aber das stört sie überhaupt nicht. Im Gegenteil. Sie redet einfach weiter auf mich ein. Es ist ihr völlig egal, dass meine Kundin alles mitbekommt.

»Und überhaupt«, sprudelt es weiter aus ihr heraus. »Was fällt dir ein, Lügen über mich zu erzählen.«

Jetzt ist sie wieder ganz die alte, böse Frau.

»Überall erzählst du herum, ich hätte dich geschlagen. Na und, anders konnte ich dich eben nicht in den Griff bekommen. Du warst nie ein einfaches, braves Kind. Erzähl doch das mal!«

Oma fasst mir jetzt an den Arm.

»Ich will, dass du zurückkommst«, zischt sie.

Es hat keinen Sinn, weiterzuarbeiten. Ich lege die Schere aus der Hand.

»Oma«, versuche ich wieder, sie zu beruhigen. Doch ich habe ihr nichts entgegenzusetzen. Ich traue mich nicht.

Da greift meine Chefin ein.

»Bitte gehen Sie jetzt. Sie stören die Kundschaft!«, sagt sie sehr bestimmt und fasst Oma sanft an der Schulter, um sie aus dem Geschäft zu bugsieren. Zum Glück gelingt ihr das. Sie weiß schon, wie sie mit ihr umgehen muss. Oma wird in der Öffentlichkeit nie wirklich ausfallend. Sie legt immer Wert darauf, dass sie nach außen »eine gute Figur« macht. Bevor es also Krach gibt, geht sie lieber.

»Komm, Mädchen, mach weiter«, muntert mich meine Chefin anschließend auf und streichelt mir über den Oberarm. »Du musst dich aus ihren Klauen befreien, energischer sein. Sonst hört das nie auf!« Ich glaube das auch. Aber ich weiß nicht, wie man sich energisch verhält. Ich habe es nie gelernt.

Als ich mich wieder der Kundin zuwende, kommen mir die Tränen. Omas Druck ist ein großes Problem für mich. Ich kann mich nicht gegen sie wehren. Ich musste immer nur gehorchen, sonst gab es Schläge. Das hat mich geprägt. Ich war fast mein ganzes Leben lang gefangen im Käfig und soll nun plötzlich den freien Kunstflug beherrschen. Wie soll das gehen?

Ich lebe jetzt zwar endlich allein und bin unabhängig, aber gut geht es mir trotzdem nicht. Ich habe immer noch Angst, dass es auch dieses Mal wieder schiefgeht und ich vielleicht doch noch einmal zurück zu Oma muss, weil es keine Alternative gibt.

Die Angst vor Oma, die Ängste vor dem Leben, die gesundheitlichen Probleme, die Trauer um Philip und Franziska, mein Baby, all das belastet mich mehr, als ich es mir einzugestehen wage.

Ich habe die Schatten der Vergangenheit mit in die Gegenwart genommen, und hier macht das Tag für Tag etwas mit mir: Ich habe in diesem Moment die große Befürchtung, niemals die Kontrolle über mich und mein Leben zu bekommen. Aber ich darf nicht aufgeben. Ich muss weiterkämpfen.

Kapitel 9

»Wie geht es euch heute?«, fragt der Therapeut in die Gruppe. Ich bin in einer Tagesklinik, und wie jeden Morgen sitze ich mit zehn Frauen und drei Männern in einem Stuhlkreis. Wir absolvieren unser Morgenritual. Immer Punkt zehn, nach dem Frühstück, setzen wir uns zusammen und reden. Der Therapeut stellt Fragen, wir geben Antworten, die durchaus auch länger sein dürfen.

Heute beginnt Deborah. Sie ist 35 Jahre alt, kommt aus Halberstadt und war zehn Jahre lang mit einem Partner liiert, der gewalttätig gewesen ist. Deborah ist eine ganz zierliche Frau, wiegt höchstens fünfzig Kilo und hat schon in einem vorherigen Stuhlkreis von ihren Erfahrungen erzählt. Sie musste wirklich schlimme Dinge erleben. Kaum zu glauben, dass ein kräftiger Kerl auf so eine zierliche Person eindrescht. Ich mag sie. Sie ist sehr freundlich.

»Mir geht es gut«, erzählt sie. »Zum ersten Mal seit Langem hatte ich heute Nacht keine Albträume!«

»Das ist eine gute Nachricht.«

Der Therapeut sieht jetzt zu mir. »Und dir, Diana? Wie geht es dir heute?«

Ich stocke und finde keine Worte für das, was ich fühle. Es hat doch nie jemanden interessiert.

»Ich weiß nicht«, murmle ich nervös. »Ich weiß nicht, was ich sagen soll.«

»Versuche es!«, ermuntert mich der Therapeut.

Ich rutsche unruhig auf dem Stuhl hin und her. Ich mag es nicht, wenn ich vor einer größeren Gruppe sprechen soll. Etwas hilflos suche ich nach den passenden Worten, dann räuspere ich mich und lege los.

»Mir geht es ebenfalls recht gut. Ich freue mich, dass ich hier bin und Hilfe finde. Ich schöpfe von Tag zu Tag mehr Hoffnung.«

Die Teilnehmer nicken mir zustimmend zu.

»Sehr gut, Diana!«, lobt mich der Therapeut.

Ein Erfolg!

Nach und nach erzählen alle, wie es ihnen geht. Danach folgen weitere Fragen: Was wir gestern gemacht haben. Über was wir uns freuten. Worauf wir stolz sind.

Anfangs konnte ich mit diesem Morgenritual nicht viel anfangen. Ich fand es sogar ziemlich überflüssig. Aber die Frauen und Männer, mit denen ich seit einem Monat zusammen bin, habe alle wie ich Gewalt- und Missbrauchserfahrungen hinter sich, sind allesamt an einem Punkt angelangt, an dem sie die Bilder davon nicht mehr loswerden und deshalb mit ihrem Leben nicht mehr zurechtkommen. Wir sind Leidensgenossen, können uns gegenseitig helfen, und so weicht meine anfängliche Abwehrhaltung bald echtem Engagement.

Ich werde alles mitmachen, weil ich glaube, dass es mir wirklich hilft. Ich bekomme hier eine Chance, und die will ich nutzen.

Durch das regelmäßige Miteinander lerne ich, in mich hineinzuhören, aber auch den Blick für Schönes zu schärfen.

»Was hat euch gestern gefallen?«, fragt der Therapeut, und dieses Mal beginne ich.

»Der blaue Himmel und die herrliche Natur«, erzähle ich. »Ich habe auf einem Spaziergang eine nette ältere Dame kennengelernt, die mir von ihrem Urlaub an der See erzählt hat.«

Mein Blick ist verstellt von Ängsten und Unsicherheiten. Dadurch, dass ich von schönen Dingen erzähle, schiebe ich den Vorhang langsam zur Seite. Und ich lerne, dass ich aussprechen darf, was ich fühle.

Aber es ist ein langwieriger Prozess. Denn mein ganzes Leben lang hat niemand hören wollen, was sich in mir regt. Und wenn ich etwas Falsches sagte, bezog ich Prügel. Irgendwann haben die Gefühle keine Worte mehr gefunden und sind ganz tief abgesunken in mir. Seitdem liegen sie auf dem Grund meiner Seele versteckt. Ich habe sie niemandem mehr gezeigt. Außer Philip.

Hier ist das anders, hier darf ich aussprechen, was sich in mir tut. Ein tolles, befreiendes Gefühl.

Ich bin froh, dass ich in der Klinik bin. Denn ich brauche wirklich dringend Hilfe. Mein Leben ist nur auf den ersten Blick geordnet. Ich habe eine hübsche Wohnung in Halberstadt, einen Ausbildungsplatz in einem gut gehenden Salon und mit David auch einen Freund, der mir zur Seite steht. Denn seit September sind wir ein Paar. Wir haben zwar noch keinen Sex gehabt, aber das ist nicht wichtig. David lässt mir Zeit. Denn wir lieben uns wirklich und wollen nur zusammen sein.

Eigentlich müsste also alles gut sein, aber genau das Gegenteil ist der Fall.

Ich bin oft nicht nur traurig, sondern richtig hoffnungslos und fühle mich von meinem Leben komplett überfordert. Ich kann nicht in Worte fassen, warum das so ist. Aber es gibt einfach zu vieles, das mir Angst macht: nicht nur Sex und Berührung, es ist mehr. Ich fürchte mich auch immer mehr vor Menschen, die in großen Gruppen auftreten, vor engen Räumen wie Fahrstühlen, vor Begegnungen mit meiner Familie. Ich kann keinerlei Schmutz ertragen, wasche mich ständig und putze unentwegt. Ich esse nur von meinen eigenen Tellern und habe langsam das Gefühl, durchzudrehen.

Denn ich fühle mich ständig wie unter Strom, in mir pocht eine große Unruhe, und ich kann mich schlecht konzentrieren.

Lesen, Musik hören, abschalten - alles Fehlanzeige. Ich kann nie an etwas wirklich lange denken. Es dreht sich zu viel in meinem Kopf, und das Durcheinander macht mein Leben zur Qual. Dazu tauchen immer wieder schlimme Bilder vor meinem inneren Auge auf, die ich nicht ertragen kann. Ich sehe Heinz, seine Blumen, den Pudding, Bärbel, und das alles nicht sortiert, sondern wild durcheinander, und die Bilder nehmen mich komplett gefangen. Oft passiert das nachts, wenn ich nicht schlafen kann.

Ich kann dann auch nicht liegen bleiben, sondern laufe nervös hin und her und versuche, diesen furchtbaren Horrorfilm in meinem Kopf irgendwie wieder loszuwerden.

Manchmal singe ich leise, weil ich dabei die Gedanken auf den Text fokussieren muss. Manchmal stelle ich mir den Fernseher an, um mich mit einem Film abzulenken. Aber die Konzentration auf eine Filmhandlung klappt auch nicht recht. Ich versuche dann, Musik zu hören, oder ich telefoniere mit Rita, wenn sie auf Nachtschicht ist und Zeit für mich hat.

Und dann gibt es Nächte und Tage, da hilft gar nichts mehr, und ich weine bitterlich, weil ich denke, ich würde mit all den Bildern im Kopf irgendwann verrückt.

Ich bin dann tieftraurig, verzweifelt und gebe mich leicht dem Gedanken hin, einfach aufzugeben.

Im selben Moment bekomme ich jedoch Angst und schrecke auf. »Diana, lass das« appelliere ich dann an mich selbst. »Los jetzt, du hast endlich die Möglichkeit, so zu leben, wie du möchtest. Gib das nicht auf, sondern nutze es.«

Nur wenige wissen von diesem zweiten Leben, das jenseits meines äußerlich so geregelten Alltags abläuft. David habe ich nur ein bisschen davon erzählt. Ich habe Angst, ihn zu verlieren, wenn ich mehr von meinem verpfuschten Leben preisgebe.

Aber mit Margot habe ich offen gesprochen. Sie hat lange zugehört, dann meine Hand genommen und klar und deutlich gesagt, dass ich dringend Hilfe bräuchte.

Noch am selben Tag hat sie sich um einen Termin in einer Tagesklinik bemüht, und dank ihrer guten Kontakte war sie schnell erfolgreich. Ich ergatterte einen Platz.

Wichtig war mir, dass man mich nicht wegen eventueller Selbstgefährdung einliefert. Ich konnte allein entscheiden, ob ich das Angebot annehme. Ich konnte Verantwortung für mich und mein Leben übernehmen. Aber damit musste ich mir auch eingestehen, dass ich allein nicht zurechtkomme, sondern Unterstützung brauche. Ich habe eine ganze Nacht lang überlegt, und dann war ich so weit: Ich würde in die Klinik gehen.

Und nun sitze ich im Stuhlkreis und höre Ivana zu. Sie ist ein paar Jahre älter als ich und moppelig. Ihre Haare hat sie kurz geschoren, und sie trägt ein auffälliges Tattoo auf dem Arm. Ich glaube, sie arbeitet nicht, hat aber schon ein Kind. Auf jeden Fall will sie auffallen, zumindest äußerlich. Vermutlich ist es nichts weiter als ein Hilfeschrei.

»Was war das Schlimmste, an das du gestern gedacht hast?«, lautete die nächste Frage des Therapeuten, und Ivana erzählt von einer Nacht, in der ihr Vater sie so sehr verprügelt habe, dass sie ins Krankenhaus eingeliefert worden sei. Sie wirkt tief erschüttert und kann kaum einen verständlichen Satz formulieren. Der Blick zurück geht ihr immer noch ganz furchtbar nah.

Ich erkenne mich in vielen ihrer halb fertigen Sätze wieder. Es ist ein gutes Gefühl, zu wissen, dass man nicht allein ist.

***

»Komm, ich lade dich zum Kaffee ein«, sagt David, nimmt mich schnell an der Hand und zieht mich über die Straße.

Es ist Samstagfrüh, heute findet keine Therapiesitzung statt, und wir beide bummeln über den Wochenmarkt. Ich will uns später etwas Leckeres kochen. Die Zutaten suchen wir uns gemeinsam an den Ständen zusammen. Wir sind beide prima gelaunt, lachen viel, albern, sehen uns ausgiebig die Waren an.

»Sieh mal, die Blumen hier. Die sind ja prächtig«, meint David, als wir an einem Blumenstand vorbeikommen. Übermütig zieht er einen Strauß aus einem der zahlreichen Eimer. »Hier, den schenke ich dir«, sagt er lachend und hält mir den Strauß direkt unter die Nase. »Schnupper mal, der riecht nach Frühling.«

Ich erstarre und sehe vor mir alles in Lila.

David hält mir einen großen Strauß Lavendel vors Gesicht! Der Geruch wirkt wie ein Knopfdruck – und in meinem Kopf rattert ein Film los.

Heinz steht vor mir, nackt. Ich sehe Bärbel. Frieda kocht Pudding. Hühner gackern. Anfangs sind die Bilder nur schemenhaft zu erkennen, aber mit jeder Sekunde werden sie deutlicher, ordnen sich neu. Plötzlich passen sie zusammen, werden zu einer Handlung. Alles ist ganz deutlich, so wie damals.

»Leg dich hin, meine Süße, und genieße es. Wir machen es uns wieder richtig schön. Wir sind jetzt allein und haben ganz viel Zeit. Niemand wird uns stören. Niemand.«

»Liebling, was ist?« David schüttelt mich. »Liebling, hörst du. Was ist los?«

Er sieht mich erschrocken an, hält die Blumen noch in der Hand.

»Du wirkst, als wenn du weggetreten wärst«, meint er. »Mensch, Diana, komm zu dir.«

»Diana?« David schnippt jetzt mit zwei Fingern direkt vor meinen Augen, so wie man es immer bei Hypnosetherapeuten im Fernsehen sieht.

»Hallo?«

Ich schließe die Augen. Die Bilder sollen verschwinden. Jetzt. Sofort.

»Lass uns gehen«, sage ich etwas schroff, und im selben Moment entschuldige ich mich dafür.

»Du bist ja ganz durcheinander!« David merkt, dass etwas nicht stimmt. »Und die Blumen? Soll ich sie dir kaufen?«

»Nein, bitte nicht. Ich mag sie nicht!«

Auf dem Heimweg sprechen wir kaum. David ist durch mein Verhalten mächtig irritiert, und ich nehme mir fest vor, ihm später dazu etwas zu sagen. Ich muss ihm das erklären. Sonst schadet mein für ihn rätselhaftes Verhalten unserer Liebe.

***

Es ist feinste Handarbeit, und das kleinste Zittern meiner Hand kann alles zunichtemachen. Mit einer Pinzette schiebe ich den winzigen roten Glasstein in die Lücke, bis er auf das Klebeband stößt. Bloß nicht wackeln. Noch ein bisschen andrücken. Fertig. Passt genau.

In dem Schälchen liegen noch viele weitere Glassteinchen. Schätzungsweise hundert davon brauche ich heute für meine Blume.

Ich kreiere eine Rose, verwende dafür rote Glassteine für die Blüte und später grüne für die Blätter und den Stiel.

Ich brauche noch mindestens zwei Tage, bevor meine Blume fertig ist. Ich bastle sie für Philip. Wenn sie fertig ist, bringe ich sie ihm und lege sie auf sein Grab.

Wir können uns in der Kunsttherapie aussuchen, was wir machen wollen. Ivana baut einen Igel, Sepp, ein bärtiger, rund fünfzig Jahre alter Mann, eine Minigeige für sein Enkelkind und Ulla, die quirlige Ex-Tänzerin hat sich für ein Schmuckkästchen entschieden. Ich mache Rosen, rote Rosen, oder zumindest erst einmal eine.

Die intensive Konzentration auf das, was ich mit den Händen tue, die Ruhe bei der Arbeit, all das hilft mir, mich noch einmal mit meiner Trauer auseinanderzusetzen. Ich denke die ganze Zeit beim Basteln an Philip, stelle mir vor, was wir Schönes zusammen unternommen haben. Ich durchlebe unsere gemeinsame Zeit noch einmal. Im Zeitraffer. Es ist eine Art und Weise, damit abzuschließen.

Der Spruch, die Zeit heile alle Wunden, gilt nur, wenn man die Zeit richtig nutzt. Das haben sie uns in der Therapie gesagt, und ich kann das bestätigen. Die mit funkelnden Glitzersteinen besetzte Rose, die ich am nächsten Samstag zu Philips Grab bringen werde, ist ein Abschied. In der Therapie lerne ich so, loszulassen.

Die Kunsttherapie macht aber noch mehr mit mir. Ich arbeite auch viel mit Ton und Holz, bastle ein großes Windlicht und eine kleine Holzschatulle, und das Ergebnis kann sich wirklich sehen lassen.

»Wow«, lobt mich Ivana. »Das ist ja allererste Sahne. Du hast Talent. Mach was draus«, rät sie mir. Auch Steffen, der zweite Mann bei uns, ein vierzigjähriger Ingenieur, der seine Kindheit aufarbeitet, ist begeistert von meinem Geschick. »Also so ein perfektes Windlicht habe ich selten in einem Geschäft gesehen. Das kannst du für gutes Geld verkaufen!«

Ich freue mich riesig über so viel Zuspruch. Wenn man wie ich das ganze Leben lang nur gehört hat, dass man nichts hinbekomme, dumm und faul sei und sowieso nichts tauge, dann traut man sich auch nichts mehr zu.

Ich stecke voller Selbstzweifel. In der Therapie nimmt man mir viel davon. Denn ich werde gelobt und glaube, dass es ehrlich gemeint ist.

Es sind die kleinen, noch so winzigen Erfolgserlebnisse, die Menschen wie mich stark und zuversichtlich machen.

Ich bastle jedenfalls in der Therapie wie ein Weltmeister. Ganze Blumensträuße liegen schon in meinem Spind, und demnächst kommen noch weitere Windlichter dazu. Vielleicht mache ich sie wirklich mal zu Geld, zumindest habe ich Geschenke für die nächsten Jahre.

Wichtig ist mir auch das Malen. Ich soll meine Gefühle auf das Papier bringen. Aber wie kann man Ekel, Angst, Verzweiflung, Einsamkeit malen? Ich weiß es nicht.

»Fang einfach an und sieh zu, was passiert!«, ist immer der Rat des Therapeuten. Ich bleibe unsicher: Probleme lassen sich durch Reden lösen. Aber durch Malen?

»Versuche es bitte«, empfiehlt der Therapeut.

Ich soll malen, wie ich mich als Kind gefühlt habe. Das ist grausam. Meine Einsamkeit, die Vernachlässigung, das Ausgeliefertsein, die ganze Qual des Missbrauchs und die Schmerzen, die unendliche Hilflosigkeit. Ich kann das nicht malen.

Aber ich will es versuchen und hole meine Gefühle aus den hintersten Verstecken. Das strengt an. Ich habe nur drei Pinselstriche auf dem Papier, und schon laufen die Tränen. Mir ist das peinlich. Ich wische sie verschämt weg. Der Therapeut sieht das und kommt zu mir.

»Alles in Ordnung?«, fragt er mich.

»Ja«, nicke ich. Denn ich habe kapiert, dass ich mit jeder Träne weniger verdränge. Ich lasse heraus, was in mir aufgestaut ist. Träne für Träne. Ich bin auf einem guten Weg.

Und je mehr ich in den kommenden Wochen weine, desto mehr füllt sich die weiße Seite auf der Staffelei.

Ich male eine zerbrochene Puppe. Ihr Kopf weist eine dicke, breite Furche auf, Arme und Beine liegen abgetrennt weit vom Körper entfernt. Darum herum Kuscheltiere, die alle keine Augen mehr haben. Es ist ein trauriges Bild, ein grausames. Aber so war sie ja auch, meine Jugend. Ich muss lernen, ehrlich zu sein.

Nur in einem Punkt bin ich es nicht. Ich möchte meiner Puppe Pflaster malen, auf den Po, den aufgerissenen Mund, den Unterleib. Aber ich weiß, dass mein Therapeut dann genau weiß, was passiert ist. Das will ich nicht und lasse deshalb die Pflaster weg.

Die Sache mit Heinz kann ich nicht malen. Das tut zu weh.

***

Es ist so weit. David und ich wollen es auch körperlich miteinander versuchen.

Unsere Beziehung läuft bestens. Ich kann mir nicht mehr wünschen. Aber ein Mann will nun einmal irgendwann auch körperliche Nähe, Sex. Dem kann ich mich nicht noch länger verschließen.

Ich bin vorbereitet und weiß, dass ich jetzt eben durchhalten muss.

Wir haben uns beide ausgezogen und liegen kuschelnd in seinem Bett. Der Fernseher läuft, ich schließe die Augen. Ich hoffe nur, dass es schnell geht. Aber das darf ich David nicht vermitteln. Ich liebe ihn, wirklich, von ganzem Herzen, aber auf Sex könnte ich trotzdem problemlos verzichten. Oder besser: Sex ist für mich keine Freude, sondern eine einzige Belastung. Ich empfinde keine Lust, sondern nur Schmerzen, und aus heiterem Himmel habe ich plötzlich die falschen Bilder im Kopf. Dann sehe ich Heinz und erinnere mich an jedes noch so kleine Detail mit ihm. David kann und soll das nicht wissen.

Ich spüre jetzt seine Hand und schließe ganz schnell die Augen. Ich denke daran, was ich morgen Abend nach der Therapie einkaufen möchte. Rotkohl, Kartoffeln, auf jeden Fall Käse.

Und wir brauchen auch noch Waschmittel. Ich nehme auf jeden Fall etwas mit, als Reserve.

Ich habe Glück, fühle mich hinterher sehr erleichtert. Vermutlich hat es gewirkt, dass ich ihm etwas vorgespielt habe. Das hat bei Heinz auch immer funktioniert.

***

Der Himmel ist grau. Dichte Regenwolken brauen sich zusammen. Aber unsere kleine Gruppe schreckt das Wetter nicht ab. Wir haben heute unseren Wandertag und stiefeln vergnügt durch die Natur. Der kühle Wind, der leichte Nieselregen, uns kann das alles nichts anhaben.

Sechs Kilometer liegen vor uns. Am Ziel erwartet uns eine ausgiebige Rast in einer kleinen Wanderhütte. Jeder von uns hat etwas Leckeres dabei. Wir wollen picknicken.

Ivana hat Waffeln gebacken. Ralf, ein etwa 35 Jahre alter durchtrainierter Fernfahrer, der nachts nach einem Discobesuch ausgeraubt und zusammengeschlagen worden ist, steuert eine Kanne Kaffee bei. Steffen, der schmächtige Ingenieur, der ebenfalls als Kind Gewalt erfahren hat, will auf einem kleinen Einmalgrill Würstchen zubereiten. Ich habe Obstsalat dabei. Alle zusammen zaubern wir ein Festmenü.

Als ich zum ersten Mal von dem Wandertag hörte, fand ich das doof. Ich hatte keine Lust dazu. Ich bin gern allein und brauche nicht so viel Geselligkeit. Ich habe auch keinen Sinn darin gesehen, sich zum Quatschen, Lachen und zum Spazierengehen zu treffen.

Aber heute ist bereits unser dritter Wandertag, und mittlerweile weiß ich, dass es guttut, in der Gruppe unterwegs zu sein.

»Wer viel allein ist, neigt zum Grübeln«, sagt Deborah plötzlich, als wir auf halber Strecke ein Stück zusammen gehen.

»Du triffst den Nagel auf den Kopf«, pflichte ich ihr bei. »Wenn man allein ist, dreht sich der Horror im Kopf immer schneller und schneller. Das kostet so viel Kraft und führt nie zu einem Ergebnis.«

Deborah nickt. »Die Gedankenschleifen machen dich nur noch trauriger, und alles beginnt wieder von vorn. Man steckt in einem verhängnisvollen Kreislauf aus ständigem Leiden.«

»Genau, aber wenn ich mit dir und den anderen zusammen bin, komme ich nicht dazu. Ich muss ja Waffeln essen, Kaffee trinken, Small Talk machen.«

»Diese Pause tut uns gut.«

Steffen ist dazugekommen und hat unser Gespräch mit angehört. Er stimmt uns zu. »Ich kann dann für einmal aufatmen, bin für Stunden meine Probleme zwar nicht los, aber sie blockieren mich auch nicht.«

Später, als wir im strömenden Regen dicht zusammengedrängt unter dem Vordach der Hütte stehen, gibt uns der Therapeut noch einen Rat.

»Freude ist Teil der Selbstfürsorge«, erklärt er uns. »Ihr müsst auch Dinge erleben, die euch nicht wichtig erscheinen, die einfach nur Spaß machen. Allein das macht sie sinnvoll.«

Wir geben ihm alle recht. Es ist ein wunderbarer Tag. Trotz des schlechten Wetters und auch wenn wegen des Regens der Grill nicht angeht und wir auf die Würstchen verzichten müssen. Aber wir sind zusammen, haben Spaß. Das zählt.

Ich lerne viel in diesen Wochen. Über mich, über das Leben.

Und ich lerne auch, dass mir Bewegung und Übungen für den Rücken, den Bauch, für alles guttun. Ich begreife, dass ich mir Fantasien erlauben darf. Wenn die Ängste zu groß werden und die Bilder zu übermächtig, wenn ich das Gefühl habe, nur noch wegzumüssen, es aber nicht kann, darf ich mich einfach wegblenden, in einen Fantasieraum, zu dem nur ich Zutritt habe.

Das ist nicht verrückt, das ist Therapie. Mir hilft es enorm.

Ich übe es, mich dann in die Natur zu träumen. Und dann sehe ich unsere herrliche heimische Bergwelt und denke mir eine Bank aus, auf der ich sitze und in die Natur blicke: Vögel gleiten am Himmel entlang, und vor mir grasen Rehe. Ich sitze an einem Ort der Friedlichkeit und Stille.

Gar nicht lange greife ich auf diese Vorstellung zurück, oft nur für Sekunden. Zum Runterkommen, Durchatmen, Auftanken. Bevor ich zurück in die Situation muss, die ich nicht mag.

Als ich entlassen werde, fühle ich mich wesentlich stärker als zuvor. Ich weiß aber, dass ich nicht gesund bin, sondern nur über eine Art Notfall-Kit verfüge, das ich in verschiedenen Situationen anwenden kann.

Mein Innenleben hat nichts mit dem Leben draußen zu tun. Draußen gibt es keine Wohlfühlstimmung, keine Therapeuten, die die Seele streicheln, die zuhören, genau den Satz sagen, den man in diesem Moment hören möchte.

Draußen sind Menschen, die nicht wissen können, dass man Hilfe braucht, und die es in der Regel auch gar nicht interessiert. Es sind mitunter sogar Menschen, die einem nicht wohlgesonnen sind, die einen ausnutzen und kleinmachen wollen. Mit denen muss man zurechtkommen, wenn man überleben will.

In der Klinik habe ich nur das Werkzeug dazu bekommen. Anwenden muss ich es jetzt allein.

Kapitel 10

»Sag mal, du duscht jetzt schon das dritte Mal!« David sitzt am Küchentisch und sieht mich fragend an. »Was ist eigentlich los!« Er legt das Laptop weg und will ganz offenbar mit mir reden.

Ich sehe ihn ausweichend an und stelle mir die Kaffeemaschine an.

»Es ist warm, Liebling. Ich schwitze schnell. Das ist doch egal. Ich fühle mich eben wohler so.«

»Ja klar, es ist ja auch deine Sache. Aber fünf Mal jeden Tag. Ich wundere mich. Erkläre es mir doch einfach!«

David ist vor Kurzem bei mir eingezogen. Wir leben jetzt zusammen und haben einen richtigen Alltag zusammen. Vorher war er nur am Wochenende hier, und es ist ihm nicht aufgefallen, wie oft ich mich wasche, und auch nicht, wie oft ich putze. Er hat es schlichtweg nicht wahrgenommen, zumal ich mich an den beiden Tagen zusammengerissen und mich sehr bemüht habe, mich »normal« zu verhalten ...

Ich koche viel, weil David gutes Essen liebt, am besten ganz klassische Hausmannskost: Schnitzel, Gulasch, Rouladen, dazu Gemüse und Kartoffeln. Wir gehen spazieren, sehen fern. Am liebsten Krimis, die sind unsere große gemeinsame Leidenschaft.

Ich bin sehr glücklich mit ihm. Er ist ein großzügiger, liebenswerter und grundehrlicher Mensch. Er hat einen wunderbaren Charakter. Ich liebe ihn wirklich.

Aber jetzt leben wir richtig zusammen, und es kommt darauf an, ob er mich auch mit meinen Macken, dem ewigen Duschen und Händewaschen, dem Putzfimmel und alldem, akzeptiert. Ich habe da etwas Sorge.

Ich nehme mir einen Kaffee, nippe unruhig an der Tasse.

»Freu dich doch, dass du eine gepflegte Freundin hast«, versuche ich meinen Dusch-Tick positiv darzustellen.

David ist ganz gelassen.

»Das tue ich auch. Ich mag es, dass du dich so toll zurechtmachst. Aber musst du dafür alle zwei Stunden duschen? Ich weiß nicht, ob einmal am Tag nicht ausreicht.«

Ich fühle mich in die Ecke getrieben und reagiere ungewohnt kratzig. »Ich weiß nicht, was dich das angeht!«, brumme ich.

Mit einem Knall stelle ich die Tasse ab und laufe aus dem Zimmer.

»Mir reicht's«, zische ich noch und weiß genau, dass mein Auftritt hier übertrieben ist. Leider reagiere ich immer ein bisschen unkontrolliert, wenn ich mich ertappt fühle. Und jetzt kommt noch die Angst dazu, David zu verlieren. Wer will schon eine Frau mit so vielen Macken?

Ich dusche mindestens fünf Mal am Tag, ziehe mich danach komplett neu an. Ich wasche mir alle dreißig Minuten die Hände, und zwar ganz besonders gründlich. Ich mag mich einfach nicht schmutzig fühlen.

Vermutlich hängt es mit meiner Erfahrung mit Heinz zusammen. Viele Jahre durfte ich mich nicht nach Belieben waschen, habe unter all dem Schmutz an meinem Körper, ob eingebildet oder nicht, gelitten. Erst seitdem ich mein eigenes Reich habe, kann ich mich so reinigen, wie es mir guttut. Das genieße ich, und das nutze ich auch aus.

In der Therapie habe ich darüber gesprochen, allerdings nicht über die Ursache. Doch ich vermute, dass die Therapeuten eins und eins zusammenzählen konnten. Sie haben ja Erfahrung damit, und die Frauen, die in meiner Gruppe als Kind Missbrauch erlebten, hatten alle diesen Zwang. Es stand auch in meinem Abschlussbericht, dass sie bei mir ursächlich einen Missbrauch vermuteten. Aber ich bin nicht weiter darauf eingegangen. Ich will nicht darüber sprechen, und das müssen auch die Fachleute akzeptieren.

Natürlich will ich das auch erst recht nicht mit David ausdiskutieren. Das bringt ihn nur auf dumme Gedanken und belastet mich. Es ist besser, wenn wir über etwas anderes sprechen, und das versucht David jetzt auch.

»Was hältst du davon, wenn wir heute Abend ins Kino gehen!«, ruft mir David hinterher. Er will ebenfalls keinen Eklat, sondern Frieden schließen.

Kino! Genau das mag ich gar nicht. Die Enge tut mir nicht gut. Und ich komme nicht aus der Situation, wenn mir Szenen nicht gefallen. Das letzte Mal haben sie eine Vergewaltigung gezeigt, und ich musste das aushalten. Ich habe die Augen geschlossen und mir die Ohren zugehalten. Aber die Bilder waren trotzdem in meinem Kopf. Es war furchtbar, und ich brauchte ganz lange, um mich wieder zu beruhigen. Das will ich nicht noch einmal erleben.

»Ich dusche schnell«, rufe ich David ins andere Zimmer hinüber. »Lass uns gleich darüber sprechen.«

Ich muss Zeit gewinnen. Unter der Dusche kann ich mir in Ruhe überlegen, welche Ausrede ich ihm präsentiere.

Als ich fertig bin, ziehe ich mir frische Sachen an, schminke mich und setze mich wieder zu David. Er hat es sich mit dem PC am Tisch bequem gemacht, ist ganz locker und aufgeräumt.

»Ich würde gern etwas an die frische Luft gehen«, sage ich sanft. David lächelt. »Dann machen wir das. Und übrigens, dusche, so lange du willst. Du hast ja recht: Es geht mich nichts an.«

Ich bin froh, obwohl es wirklich nicht nur meine Sache ist. Wir leben ja zusammen, und mit meinem Zwang sind unübersehbare Folgen verbunden. Vor unserer Waschmaschine türmen sich Wäscheberge. Ich ziehe nichts zweimal an und benutze auch kein Handtuch zweimal. Ich wasche alles sofort und auch besonders gründlich. Das heißt, die Maschine ist ständig in Betrieb.

So gründlich wie mich selbst säubere ich auch die Wohnung. Ich putze sofort alles ab, wenn ich etwas benutzt habe. Jeden Stuhl, jeden Sessel, das Sofa. Ich wische mehrmals am Tag die Möbel ab, nicht nur die Fronten, sondern alles. Ich scheuere die Böden, kratze die Ecken sauber, reinige die Fußleisten. Das alles immer wieder und wieder. Natürlich ist die ganze Wohnung blitzblank, das weiß ich. Aber allein die Vorstellung, etwas könnte schmutzig sein, lässt mein Inneres rebellieren. Dann fühle ich mich elend, mir wird schlecht, ich muss mich übergeben. Also wasche und putze ich, stundenlang. Ich verstehe, dass David das auf die Nerven geht. Aber er kommentiert es selten, sagt so wie jetzt höchstens zwei, drei Sätze dazu. Ich denke, er hat sich damit arrangiert. Warum ich so bin, fragt er nicht.

Manchmal nimmt er mich auch auf die Schippe, nennt mich »die beste Putzfrau aller Zeiten« oder »meine süße kleine Putzfee«, aber das ist alles nicht schlimm. Ich necke ihn dann auch, sage, er solle froh sein, in so einer sauberen Umgebung leben zu dürfen. Und damit ist das Thema zwischen uns erledigt. Zumindest meistens. Heute geht es leider noch weiter.

»Übrigens brauchst du nicht so viel zu putzen. Wir bekommen Besuch. Maik kommt, er will mit uns spielen.« David sieht kurz von seinem PC hoch, als ich frisch geduscht und zurechtgemacht in die Küche komme.

»Maik kommt, zu uns?« Ich sehe ihn mit großen Augen an.

»David, warum triffst du dich nicht mit ihm allein?«, frage ich schnell und spüre, dass mein Herz rast. Ich habe plötzlich Angst. Ich kann keine Menschen in meinem »Reich« ertragen, niemanden außer David. Wir hatten noch nie Besuch. Warum fängt er jetzt damit an, Leute einzuladen?

»Ja, ich habe ihn eingeladen. Wir wollen zusammen ein neues Spiel ausprobieren. Ich hole uns eine Pizza und eine Flasche Wein. Spielst du mit? Ich habe dir ja schon erklärt, wie es geht.«

David redet arglos drauflos. Er kann nicht wissen, was das in mir auslöst.

Besuch ist gleich Nähe zu einem Menschen, den ich kaum kenne, ist gleich Schmutz. In meinen vier Wänden, die für mich eine sichere Zone sind. Die einzige. Ich ertrage das nicht.

David bemerkt sofort, dass mir etwas nicht passt.

»Liebling, was ist los? Ist dir nicht gut?«

Ich bin ratlos. Wie soll ich ihm das erklären? Er muss ja denken, dass ich irre bin. Meine Güte, was mache ich bloß?

In meiner Not renne ich erst mal wieder auf den Flur.

»Ich muss die Wäsche aus der Maschine holen«, rufe ich zurück. »Komme gleich wieder!«

Aber David steht schon hinter mir, fasst mich am Arm.

»Was hast du?«, fragt er jetzt direkt. Er ist ein einfühlsamer Mensch. Ich hätte mir denken können, dass ihn mein Verhalten irritiert.

»Ach, Schatz«, sage ich, sehe unsicher zu Boden. »Ich hätte es dir längst sagen müssen, aber ich mag keine fremden Menschen in der Wohnung. Es …«, ich suche nach einem passenden Wort, »… ja, es ekelt mich. Ich kann es nicht ertragen, wenn andere Menschen ihren Dreck in mein, in unser Zuhause tragen!«

David sieht mich ungläubig an.

»Ihren Dreck? Sag mal, was heißt das denn? Es ist doch normal, dass man Besuch bekommt. Du gehst doch auch zu anderen Leuten!«

Ich nicke. »Ja, ich weiß, aber umgekehrt mag ich es nicht. Schlimm?«

David zögert nicht, nimmt mich in den Arm. »Nichts ist schlimm, Diana. Ich verstehe zwar nicht, was hier los ist. Aber alles ist gut. Wir machen es so, wie es für dich das Beste ist. Ich sage Maik ab.«

Ich schmiege mich ganz fest an seine Brust, murmle leise »Danke«.

Es ist wunderbar, dass David so verständnisvoll ist. Und er hat ja recht. Es ist nicht normal, wie ich mich verhalte. Ich möchte es doch auch gern anders. Aber es ist so schwer, das zu überwinden.

Im Rahmen der Therapie in der Tagesklinik habe ich auch dazu viel lernen können. Mein Therapeut hat mir Tricks mit auf den Weg gegeben, wie man seinen Zwang nach und nach unter Kontrolle bekommen kann. So soll ich mir zum Beispiel den Timer stellen und maximal dreißig Minuten putzen – und mir für die Zeit danach ganz fest etwas anderes vornehmen. Und er hat mir auch geraten, den Schmutz einfach mal auszuhalten. Den Fleck auf dem Boden, die Krümel auf dem Tisch, ich soll einfach manchmal nichts dagegen unternehmen und in mich hineinhorchen, was dann passiert. Vielleicht werde es gar nicht so schlimm für mich, wenn der Fleck einfach bleibe.

Ich übe das schon und mache auch klitzekleine Fortschritte. Aber lange komme ich gegen meinen Ekel noch nicht an. Außerhalb meiner eigenen vier Wände gleich noch mal viel weniger als in der Wohnung. Deshalb sind mir meine sechzig Quadratmeter auch so heilig. Meine Wohnung ist mein einziger Rückzugsort. Ohne ihn verliere ich den Halt. Das kann ich mir nicht leisten. Ich bin doch auf einem guten Weg, mache kleine Fortschritte und will weiter vorankommen.

Ich brauche die Kraft, die mir die Wohnung gibt. Mein Safe Space. Sonst komme ich überhaupt nie mehr mit meinem Leben klar.

***

Der Sand ist goldgelb, das Mittelmeerwasser türkisgrün. Weit hinten am Horizont zieht ein Schiff vorbei. Ich kann mich nicht sattsehen an diesem Bild. Wenn es ein Paradies gibt, muss es so aussehen.

Wir sind in der Türkei, genauer: in der Nähe der Küstenstadt Side. David hat mir die Reise spendiert. Sozusagen als Belohnung, weil ich endlich meine Ausbildung abgeschlossen habe. Ich bin jetzt Friseurin und mächtig stolz darauf, es geschafft zu haben. Der Weg dahin war auch auf der letzten Etappe alles andere als leicht. Ich hatte ständig starke Rückenschmerzen und konnte meinen Arbeitsalltag im Salon in den vergangenen Monaten nur mit Schmerzmitteln durchstehen. Die von den Ärzten verordneten Physiotherapien helfen kaum. Aber ich habe durchgehalten, die Prüfung mit Bravour geschafft und gebe auch weiterhin nicht auf.

Ich bin froh, dass ich arbeiten und Geld verdienen kann. Es tut mir gut, finanziell selbstständig zu sein. Meine Stammkunden sind durchweg nette junge Leute. Ich habe auch in diesem Salon darum gebeten, keine alten Menschen bedienen zu müssen. Es hat geklappt. Zum Glück fragt niemand, warum das so ist. Ich muss nichts groß erklären.

Jetzt sitze ich auf dem Balkon unseres Vier-Sterne-Hotels und sehe überglücklich auf das herrliche Mittelmeer. Die Luft ist mild wie Seide. Es ist das erste Mal, dass ich am Meer bin, und ich möchte am liebsten noch viele Stunden hier sitzen und mich von dem gleichmäßigen Rhythmus des Wellenspiels faszinieren lassen.

»Na, bist du jetzt doch glücklich! Ich habe dir ja versprochen, dass es sich lohnt, in den Flieger zu steigen.«

David zieht sich den zweiten Stuhl zu mir herüber und legt mir den Arm um die Schulter. Er hat uns zwei Gläser Orangensaft eingeschenkt und möchte mit mir auf den Urlaub anstoßen.

»So, Schatz, wir sind nun hier. Lass uns die Zeit einfach genießen.«

»Danke für die Reise, David, und alles andere. Und verzeih, dass ich so schwierig bin.«

»Es gibt nichts zu verzeihen. Du bist, wie du bist, und hast eben auch Angst vor dem Fliegen. Aber du hast es überlebt. So, und nun: Auf die tollste Reise der Welt!«

Das »Klick« der beiden Gläser ist wie ein zauberhafter Jingle. Ich hätte nie gedacht, dass das Leben so schön sein kann.

»Komm, wir gehen runter und legen uns an den Pool!« David stellt sein Glas ab. »Ich ziehe rasch meine Badehose an.«

»Schatz, hör mal, kannst du vorgehen, bitte. Ich brauche noch etwas ...«

»Was hast du vor? Ich kann doch warten?« David steht in der Tür, sieht mich fragend an.

»Nein, warte nicht, bitte.«

»Was ist los?« Davids Stimme klingt jetzt energisch und sehr ungeduldig. »Ist etwas passiert?«

Ich schüttle den Kopf, rutsche aber unruhig auf dem Korbstuhl hin und her.

»Passiert ist nichts, aber ...« Ich stocke, suche nach Worten. »Ich kann so nicht hier leben«, presse ich schließlich hervor. »Das Zimmer ist schmutzig.« Und hastig ergänze ich: »Ich habe aber alles dabei und bin schnell fertig.«

David schließt sichtbar genervt die Augen und lässt mich kopfschüttelnd allein weiter draußen sitzen. Ich höre, dass er sich auf das Bett plumpsen lässt und laut aufstöhnt.

»Das kann doch nicht wahr sein«, prustet er dann los. »Wir fliegen in die Ferien, sind in einem Luxushotel an einem Traumstrand, und du denkst an nichts anderes als an deine blöde Putzerei. Nee, weißt du. Das macht jetzt echt keinen Spaß mehr«, brummelt er weiter.

»Ich weiß, es tut mir ja auch leid«, sage ich kleinlaut und stehe jetzt im Türrahmen, um irgendwie wieder Frieden zu schließen. »Ich kann doch auch nichts dafür.«

Kaum ausgesprochen, kullern bei mir die Tränen. Ich will David doch nicht verletzen. Er ist der wunderbarste Mann der Welt. Aber was soll ich tun? Ich kann wirklich nichts dafür.

Ich will nicht vor ihm heulen, also gehe ich zurück auf den Balkon, zupfe schnell wieder mein Handtuch exakt auf die Sitzfläche des Korbstuhls und setze mich hin. Mit hochgezogenen Knien hocke ich da und heule bitterlich, während David weiter auf dem Bett liegt und an die Decke starrt.

Na bravo, das ist ja ein klasse Start in den Urlaub! Ich bin gerade dabei, alles zu versauen. Wenn ich so weitermache, ist meine Beziehung bald kaputt.

»Schatz, alles okay. Putz, so viel du magst. Es ist wichtig, dass du dich wohlfühlst. Ich lege mich schon mal an den Pool und warte auf dich!«

David steht vor mir, in seiner Badehose, das Handtuch hängt lässig über seiner Schulter. Er lächelt und zwinkert mir zu.

»Bis gleich. Wenn du kommst, lade ich dich zu einem Drink ein. Du hast die Wahl.«

Ich sehe ihn mit tränenverschmiertem Gesicht an: und mir fällt kein Satz ein, der auf seine unvergleichliche Reaktion passt. Also sage ich nichts weiter, nur: »Ich liebe dich!« Das kommt aus tiefstem Herzen. Ich habe einen wundervollen Freund.

***

Ich putze über zwei Stunden, obwohl ich mir, wie in der Tagestherapie gelernt, den Timer auf dreißig Minuten gestellt habe. Aber heute, am ersten Tag, komme ich damit nicht zurecht. Ich wasche alles ab, die Möbel, die Armaturen im Bad, den Fernseher, die Spiegel. Ich habe jede Menge Desinfektionstücher mitgebracht, mit denen ich abschließend über alle Flächen gehe. Morgen werde ich versuchen, im Ort noch mehr Putzmittel zu bekommen. Ich konnte ja nicht sehr viel im Flugzeug mitnehmen.

Für das Bett habe ich meine eigene Bettwäsche mitgebracht und ein kleines Reisekissen. Damit müsste es gehen.

Als ich fertig bin, fühle ich mich wohler. So halte ich es aus, zumindest für heute. Wenn morgen die Zimmermädchen geputzt haben, werde ich wieder gründlich hinterhergehen. Sonst ist es mir zu schmuddelig.

Als ich zu David an den Pool gehe, bin ich zwar erschöpft, aber auch glücklich. Ich wusste ja, dass der Urlaub anstrengend für mich würde. Sosehr ich mich freue, am Meer und am Strand zu sein, so ist jede Umstellung für mich nun doch auch mal mit Stress und Ängsten verbunden. Klar wäre es am einfachsten für mich, zu Hause, in meiner gewohnten Umgebung, zu bleiben.

Aber ich lebe nicht allein, und in einer Beziehung kann es nicht nur um mich gehen. David möchte die Welt sehen. Also muss ich ihm zuliebe auch etwas mitmachen, was mir nicht unbedingt liegt.

Ich merke, dass ich mir den Weg in die Normalität langsam erobern muss. Schritt für Schritt. Aber ich bin zuversichtlich. Es wird schon werden.

***

»Sieh mal, das wäre doch toll. Es soll dort aussehen wie in der Provence. Wollen wir buchen?«

David und ich wollen zum Strand, als er plötzlich in der Hotellobby stehen bleibt und auf einen Stand zugeht, der ganz neu aufgebaut worden ist. Es ist ein kleines weißes Holzhäuschen mit einer Terrasse, auf der drei kleine Tischchen mit jeweils zwei Stühlen stehen. Eine junge Frau in einem bunten Sommerkleid steht an einem Tresen davor und verteilt Prospekte. Ich lese auf einem großen Werbeplakat, dass das Ganze von einem Busunternehmen ausgeht, das Fahrten in die Region Burdur anbietet. Burdur liegt weiter im Landesinneren und gilt bei Touristen als die »Provence der Türkei«.

Ich brauche einen Moment, um zu reagieren. Die Stühle sind lila, auf den Tischen stehen Lavendelsträuße, und der ganze Stand scheint Lavendelaroma zu versprühen, jedenfalls riecht es in der Lobby danach.

David hat mich fest an der Hand und zieht mich jetzt Richtung Stand. »Du, lass uns das machen. Das ist bestimmt ein toller Ausflug, und ich kaufe dir irgendetwas Schönes aus Lavendel.«

»Es ist schön, was du jetzt machst. Das gefällt mir, und du machst mich damit ganz glücklich, hörst du, richtig glücklich. Ja, bleib so liegen, bewege dich nicht. Du bist ein wundervolles kleines Mädchen. Aber warum weinst du denn jetzt? Es ist doch auch schön für dich, ich bin doch dein lieber Heinz, der dich richtig gernhat. Spürst du das denn nicht?«

»Liebling?«

Ich bleibe abrupt stehen.

»Was ist mit dir? Geht es dir nicht gut?«, fragt David verwundert.

Er steht vor mir, hält mich mit beiden Händen an den Schultern fest, rüttelt mich sanft.

»Diana? Hey, was ist los?«

Ich zittere am ganzen Körper, und mir ist plötzlich total schwindelig. Es ist so, als ob die ganze Energie aus meinem Körper weicht. Ich habe weiche Knie, fürchte, dass ich falle.

»Schatz, so sag doch was?« David schüttelt mich weiter sanft hin und her, so, als wolle er mich aufwecken. Ich höre seine Stimme wie von ganz weit weg. Leute stehen plötzlich neben uns, andere Urlauber.

»Können wir helfen?«, fragt eine Deutsche.

»Was brauchen Sie?«, erkundigt sich eine Männerstimme.

Ich will nur weg, zurück auf mein Zimmer. Ganz schnell.

»Du bist meine Blume, meine schönste Blume. Für dich habe ich unser Zimmer heute besonders schön dekoriert. Siehst du den schönen Lavendel, riechst du ihn? Das habe ich alles für dich gemacht, damit du dich wohlfühlst und es dir gut geht mit mir.«

»David, bitte, lass uns gehen, zurück auf das Zimmer, bitte«, flehe ich, und David reagiert sofort.

»Alles gut«, sagt er zu den umstehenden Leuten, und nach wenigen Schritten sind wir im Fahrstuhl.

»Was hast du denn bloß?«, fragt er mich mitfühlend.

»Gleich, gleich«, japse ich und hoffe, nur endlich in Sicherheit zu sein, in meinem kleinen Reich hier, Zimmer 104, dem einzigen Ort, an dem ich in der Fremde Ruhe finden kann.

Als David das Zimmer mit der Chipkarte öffnet, schaffe ich es gerade noch ins Bad. Und dann knie ich an der Kloschüssel und würge das gerade genossene Frühstück heraus. Ich behalte nichts, aber auch gar nichts bei mir.

Danach fühle ich mich furchtbar schwach, schaffe es aber noch zu duschen und spüre, dass es mir von Minute zu Minute wieder besser geht.

Frisch angezogen, mit gewaschenen und hochgesteckten Haaren stehe ich eine knappe Stunde später wieder im Zimmer.

»Geht es dir besser?«, will David wissen.

»Ja klar, alles okay. Lass uns jetzt an den Strand gehen.«

»Und was war das eben?«

»Ich glaube, die Frühstückseier haben mir nicht gutgetan. Erinnerst du dich? Ich hatte Rühreier.«

David nickt. »Stimmt, aber ich hatte die auch. Mir geht es gut!«

»Ja, ich habe jedoch noch eine Portion geholt. Erinnerst du dich nicht mehr? Die haben gleich komisch geschmeckt. Die Eier waren bestimmt nicht mehr frisch«, schwindle ich. »Ich hätte sie nicht essen dürfen.«

»Willst du dich nicht doch noch etwas ausruhen?«

»Nein, nein, das mache ich am Strand. Komm, lass uns gehen.«

Im Fahrstuhl fragt er noch einmal nach dem Ausflug.

»David, ich habe eigentlich keine Lust auf eine Busfahrt, weißt du. Lass uns doch lieber schwimmen gehen. Es ist schade, so schöne Tage auf der Straße zu verbringen, wenn wir die Sonne nutzen können.«

David scheint meine Ausrede zu akzeptieren.

»Ja, stimmt auch wieder. Und billig war das Angebot ja auch nicht gerade.«

»Komm, lass uns den Seitenausgang nehmen. Dann müssen wir nicht am Stand vorbei. Ich habe keine Lust, wenn sie uns auch noch anquatscht.«

Ich lächle, bin sogar etwas stolz auf mich. Ich werde immer besser mit meinen Ausreden, freue ich mich innerlich.

Und als wir wenige Minuten später nebeneinander im Sand liegen, nehme ich glücklich Davids Hand. Wir sind auf dem Weg, ein prima Team zu werden. Auch ein prima Reiseteam, denn während wir in der Sonne schmoren, schmiedet David schon wieder Pläne.

»Ich möchte mal nach Ägypten. Das soll wunderschön sein dort, und die Hotels sind preiswert«, schwärmt er mit geschlossenen Augen.

»Und superschmutzig!«, werfe ich ein. »Das habe ich gelesen.«

David ignoriert meinen Einwurf.

»Und Afrika finde ich auch klasse. Einmal die Big Five sehen, das wär's.«

»Noch schlimmer. Da wimmelt es vor Bakterien.«

Ich lasse nicht locker.

»Aber das ist doch alles kein Problem für die beste Putzfrau der Welt«, entgegnet David lächelnd und bemüht sich dabei, seine Stimme so normal wie möglich klingen zu lassen.

»Stimmt, ich habe ja schon das perfekte Reise-Putz-Set dabei, und das ist auch auf afrikanische Verhältnisse anwendbar«, antworte ich ebenfalls so beiläufig wie möglich. Und dann sehen wir uns beide an und grinsen schelmisch. Es klappt mit uns.

Kapitel 11

»Wer ist denn der Mann an der Kasse? Er sieht die ganze Zeit zu dir herüber!«

Ich bin mit David wieder in Halberstadt. Der Urlaub liegt schon zwei Monate zurück, aber ich denke noch ständig an die herrliche Zeit zurück. Es waren trotz aller Anlaufschwierigkeiten wunderbare zwei Wochen.

Heute ist Montag, unser Einkaufstag. David und ich stehen an der Kasse des Supermarktes, als er mir diese Frage stellt.

Für einen Moment bleibt mir die Luft weg. Denn ich merke jetzt erst, dass an der Kasse nebenan meine Eltern auflegen, genau wie wir.

Ich atme tief durch. Was soll ich denn nun David sagen?

Er kennt meine Eltern nicht. Ich habe sie seit meinem Auszug nicht mehr gesehen und auch vermieden, ihm ein Foto von ihnen zu zeigen. Natürlich hat er ein paarmal gefragt, was mit meiner Familie sei, aber ich habe ihm immer ausweichend geantwortet. Er hat dann von selbst gemerkt, dass ich nicht darüber sprechen möchte.

Von Oma und ihren Gewaltausbrüchen weiß er, auch, dass ich sie nie wiedersehen will. Ich brauchte den Abstand zu ihr und auch zu meinen Eltern, zumal Margot mir damals auch nachdrücklich dazu geraten hat. Und auch in der Therapie lautete die Empfehlung: So wenig Kontakt wie möglich!

Ich sehe zu meinen Eltern hinüber. Papa lächelt vorsichtig. Auch Mama schaut zu mir herüber.

»Das sind meine Eltern«, sage ich leise und weiß nicht, wie ich reagieren soll. Hingehen und so tun, als sei nichts gewesen? Oder sie ignorieren und so tun, als gäbe es sie nicht? Beides geht nicht. Ich habe Angst, dass mir dieser Moment nicht guttut, ich auf dem guten Weg, auf dem ich bin, zurückgeworfen werde.

David merkt meine Anspannung, legt mir schützend den Arm um die Schulter. Ich zittere. Habe Angst.

Es ist noch zu früh. Ich kann mit der Situation überhaupt nicht umgehen.

Es sind dann meine Eltern, die mir die Entscheidung abnehmen. Als sie bezahlt haben, warten sie am Ausgang auf uns. Die Situation ist bizarr. Papa streckt mir verlegen die Hand entgegen. Ich nehme sie genauso unsicher an. Wir begrüßen uns wie Fremde. Mama lässt die Hand in der Manteltasche. Das ist gut so.

»Wie geht es dir? Bist du in Ordnung?«, fragt Papa jetzt und sieht erst David und dann mich an. »Ist das dein Freund?«

»Ja, ich bin David!«

Meine Mutter streichelt mir plötzlich über den Arm.

»Du siehst gut aus. Hast ja richtig abgenommen!«

»Dreißig Kilo«, sage ich schnell.

»Toll, wie hast du das denn geschafft?«

Ich gehe nicht auf ihre Frage ein. Ich habe keine Lust, über meine Ernährungsgewohnheiten zu sprechen.

»Mögt ihr uns nicht mal besuchen? Wir würden uns sehr freuen«, fragt mein Vater nach einer kurzen Pause, und ich nehme ihm ab, dass er es auch wirklich so meint. Meine Mutter nickt zustimmend. »Ja, kommt doch mal vorbei. Das wäre wirklich schön.«

Ich bin verunsichert, möchte jetzt nichts dazu sagen, mich nicht entscheiden. Aber ich mag auch nicht unhöflich sein. Es sind immerhin meine Eltern, also nicke ich, murmle ein »Ja, mache ich« und schiebe schnell ein »... irgendwann mal!« hinterher.

Das war's. Ich will weg. So schnell wie möglich.

Später, am Abend, David und ich sitzen gemeinsam vor dem Fernseher, nutze ich die entspannte Situation, um David etwas zu erklären.

»Verzeih, Schatz, aber ich will nicht groß darüber sprechen. Nur so viel, ich brauche noch Zeit. Irgendwann erkläre ich dir alles, okay?«

David verhält sich auch dieses Mal großartig. Er nimmt meine Hand, streichelt mit dem Daumen über meinen Handrücken. »Es ist alles gut. Wir machen es so, wie es dir guttut. Wenn du mit mir zu deinen Eltern möchtest, jederzeit. Wenn nicht, ist es auch okay. Mache dir keine Gedanken.«

Ich bin so froh. Es ist wichtig, dass er keinen Druck auf mich ausübt, weder Fragen stellt noch auf einen Besuch drängt.

Ich schmiege mich an ihn. Wir schauen einen Liebesfilm an. Ich träume mich weg, in ein Leben ohne Kummer, und für diese zwei Stunden klappt das vorzüglich.

***

»Ich weiß nicht, ob es eine gute Idee war, noch einmal hierherzukommen«, flüstere ich David zu.

»Irgendetwas wird es bewirken, ganz sicher!«, antwortet er.

»Und was?«

»Warte ab, Begegnungen sind immer hilfreich!«

Wir sind bei meinen Eltern zum Kaffee eingeladen. Seit unserer Zufallsbegegnung im Supermarkt bin ich jetzt schon das zweite Mal bei ihnen. Unser Umgang miteinander war anfangs äußerst schwierig. Wir haben uns gegenseitig misstrauisch beäugt. Mittlerweile ist es etwas entspannter. Wir reden lockerer. Ich erzähle, was ich im Job mache, von unseren Reisen, denn mittlerweile waren wir auch wirklich schon in Ägypten, von Davids Plänen. Er hat sein Studium aufgegeben, das ihm zu theoretisch war. Jetzt macht er in einer Klinik eine Ausbildung zum IT-Techniker und fühlt sich bombig.

Papa spricht von seinem Job auf dem Gestüt und Mama davon, dass sie keine Stelle findet. Wir reden über unseren Alltag, nicht über unsere Gefühle. Aber mich bewegt die Frage, warum sie mich nie bei sich haben wollten und einfach bei Oma zurückgelassen haben. Ich möchte es gern ansprechen, lasse es aber.

Vielleicht habe ich Angst vor der Antwort.

Was ich nicht ahne: Oma ist auch eingeladen. Als sie für mich völlig überraschend in der Tür steht, ist das ein riesiger Schock! Mehr als drei Jahre habe ich sie nicht gesehen. Das letzte Mal stand sie bei mir im Salon und hat mich vor allen Kunden als undankbar beschimpft.

Jetzt setzt sie sich zu uns an den Tisch und strahlt mich unbekümmert an. So, als hätten wir uns heute früh das letzte Mal gesehen.

Ich bin überrascht, dass mir ihre Nähe immer noch Angst macht. Statt auf sie zuzugehen und ihr endlich zu sagen, was ich von ihr denke, statt meine ganze Wut über ihr gewissenloses Verhalten auszudrücken, fühle ich mich wieder wie das kleine Mädchen, das sie schikanieren, schlagen und zu Onkel Heinz schicken kann.

Mein Herz rast. Wenn David nicht neben mir säße, würde ich aufspringen und aus dem Haus laufen. Aber seine Nähe gibt mir Sicherheit. Es kann mir nichts passieren, solange er bei mir ist.

Unter dem Tisch taste ich Hilfe suchend nach seiner Hand.

Er nimmt sie, hält sie fest. Ich bin beschützt.

Doch als Oma nach einer Weile in die Küche geht, springe ich abrupt auf und gehe ihr nach.

Und dann steht sie mir gegenüber. Sie will sich nur Milch aus dem Kühlschrank nehmen und ist überrascht, dass ich auftauche.

Ich weiß nicht, woher plötzlich mein Mut kommt. Aber ich baue mich vor ihr auf – und dann stelle ich die Frage, die mich die letzten Jahre wie keine andere beschäftigt hat:

»Warum hast du das zugelassen?«

Sie antwortet nicht, und ich wiederhole meine Frage gleich noch einmal.

»Warum hast du das zugelassen, Oma?«

»Wovon redest du?«, wischt sie meine Frage weg und will achtlos an mir vorbei ins Esszimmer gehen.

Aber ich stelle mich ihr in den Weg.

»Ich will eine Antwort«, zische ich jetzt und spüre zum ersten Mal seit Langem Wut in mir aufsteigen. Eine grenzenlose Wut. Das Gefühl tut mir gut, denn es zeigt mir, dass ich am Leben und auf einem guten Weg bin.

Doch Oma denkt gar nicht daran, auf mich einzugehen. Wie immer, wenn ihr etwas unangenehm ist, weicht sie aus. Wie an einer Teflonpfanne prallt meine Frage an ihr ab.

Sie sieht mir direkt in die Augen, und statt mir eine Antwort zu geben, erzählt sie von ihrem Hund, »Evi«, einem kleinen Dackel.

»Evi geht es gut. Du hast gar nicht gefragt. Aber sie scheint dich nicht zu interessieren, genauso wenig wie ich.«

Wumm! Sie verpasst mir eine verbale Ohrfeige. Ich bin die, die sich nicht einmal für den Hund interessiert, von dem ich gar nichts weiß. Ich bin die Böse, wie immer. Eine perverse Verdrehung der Tatsachen.

Doch ich bleibe hartnäckig, was mich selbst am meisten überrascht: »Es geht um mich und das, was Heinz mit mir gemacht hat!«

»Heinz, der ist ja tot. Frieda übrigens auch. Falls dich das interessiert.«

Dann geht sie, ohne sich weiter um mich zu kümmern, mit der Milch in der Hand an mir vorbei, setzt sich im Wohnzimmer wieder auf den Stuhl und plaudert fröhlich, als wäre nichts geschehen, weiter.

»Evi hat sich leider vor ein paar Tagen etwas ins Pfötchen getreten. Sie humpelt. Das arme Tierchen.«

Ich kann es nicht fassen. Sie geht mit keinem Satz auf mich und meine Frage ein. Sie blendet aus, was Heinz mir all die Jahre angetan hat. Sie ist widerlich.

»Lass uns gehen«, sage ich zu David. »Bitte, sofort!«

David versteht, dass etwas Unangenehmes passiert sein muss.

»Ja, wir müssen los. Wir bekommen noch Besuch«, sagt er ganz diplomatisch.

Mein Vater ahnt, dass etwas mit Oma vorgefallen ist, und versucht gar nicht erst, uns aufzuhalten. Mutter hat nichts mitbekommen, murmelt etwas von »jetzt schon?« und »schade«, und Oma isst teilnahmslos ihren Kuchen.

Ich muss hier raus, so schnell wie möglich.

Hals über Kopf verabschieden wir uns.

»Was ist eigentlich passiert?«, fragt mich David auf der Heimfahrt im Auto.

»Nichts«, sage ich abwesend und lasse mir deutlich anmerken, dass ich nicht sprechen will.

»Irgendwann musst du mir alles erzählen. So können wir nicht weitermachen!«, meint er nach längerem Schweigen dann traurig.

Ich sehe starr auf die Straße und erwidere nichts darauf. Aber die Tränen laufen mir wieder in Strömen übers Gesicht. Verdammt, ich kann sie nicht aufhalten.

»Es war ein Fehler, dorthin zu fahren«, schluchze ich.

»Das glaube ich nicht. Du brauchst Antworten. Es ist gut, wenn du versuchst, sie zu bekommen.«

Ich bin mir da nicht so sicher.

Denn ich glaube, es wird keine geben.

***

»Einkaufen? Jetzt? Bitte geh du. Ich will nicht!«

David sieht mich fragend an. »Komm doch mit. Bitte.«

Ich schüttle den Kopf.

David zuckt ratlos mit den Schultern. Ich weiß genau, was er denkt. Meine Ängste, meine Macken, das ist schlimm.

Ich kann nicht unbeschwert in Restaurants gehen. Es ekelt mich, aus gebrauchten Tassen zu trinken, von fremdem Besteck zu essen und Teller zu benutzen, von denen schon einmal jemand gegessen hat.

Mittlerweile habe ich auch Probleme, Lebensmittel anzufassen oder sogar den Einkaufswagen. Gut, ich trage Handschuhe. Damit geht es. Aber trotzdem wasche ich mir anschließend minutenlang die Hände. Alles ekelt mich. Ich habe Angst, dass ich irgendwann gar nicht mehr unter die Leute gehen kann.

Obwohl ich vieles davon anwende, was ich in der Therapie gelernt habe, werden meine Ängste nicht besser.

Gut, ich sollte trotzdem zum Einkaufen fahren und abwarten, was passiert. Ein paarmal habe ich es auch so gemacht, bin aber jedes Mal einfach wieder rausgerannt und habe im Auto auf David gewartet.

Jetzt bleibe ich lieber gleich zu Hause. Das scheint mir einfacher zu sein.

»Du, ich schreibe dir auf, was wir brauchen, und du besorgst es, okay?!«, schlage ich vor und suche nach dem Einkaufsblock.

»Wie gehst du eigentlich?«, fragt David plötzlich.

Er sieht mich besorgt an. »Was ist los? Du humpelst ja.«

Es ist Samstagfrüh, und ich mache uns gerade Frühstück. Aber der Weg zur Kaffeemaschine fällt mir wirklich schwer. Es ist, als ob mir bei jedem Schritt das Fußgelenk abknickt. Ich habe auch ein richtiges Taubheitsgefühl im rechten Bein. Irgendetwas stimmt nicht, zumal ich die Beschwerden schon länger verspüre. Aber ich mag mich nicht damit beschäftigen, schiebe meine Gedanken an eine mögliche Erkrankung lieber beiseite.

Deshalb schüttle ich schnell den Kopf und versuche, besonders leichtfüßig zu gehen, merke aber selbst, dass mir das nicht gelingt.

An meine Rückenschmerzen habe ich mich schon gewöhnt. Mit der richtigen Dosis Schmerzmittel komme ich gut damit zurecht. Aber das taube Bein macht mir Probleme. Manches Mal, wenn ich spontan aufstehen will, komme ich nicht hoch, weil mir das Bein nicht gehorchen will. Unangenehm ist mir auch, dass ich manchmal das Wasser nicht halten kann. Beim Niesen zum Beispiel oder bei starkem Husten. Aber davon will ich gar nicht anfangen ...

»Wo liegt bloß dieser blöde Block?«, fluche ich halblaut vor mich hin und meine dann zu David gewandt nur: »Du weißt doch, dass ich Rückenprobleme habe. Im Moment ist es besonders schlimm! Möchtest du Milch im Kaffee?«

Ich versuche, David abzulenken, aber er fällt nicht darauf herein.

»Ja, ich weiß das, aber *so* war es noch nie. Du musst dich mal untersuchen lassen.«

»Nein, das wird schon. Ich ruhe mich heute ein bisschen aus, und morgen geht's wieder besser. Ich habe das häufiger mal, aber das verschwindet immer ganz von selbst wieder ... Magst du ein Brötchen?«

Ich starte den zweiten Ablenkungsversuch.

»Montag mache ich einen Termin bei deinem Arzt aus. Du gehst mittlerweile richtig schief. Das kann gefährlich sein. Du musst das checken lassen.«

Und während ich beherzt in das Brötchen beiße und nebenbei die notwendigen Einkäufe auf eine Serviette kritzle, sucht David schon im Handy nach der Telefonnummer meiner Praxis und tippt eine Erinnerungsinfo ein. Na bravo, jetzt zieht er das durch!

Ich weiß ja, dass etwas nicht stimmt. Aber ich bin in den letzten Jahren so viel in Krankenhäusern gewesen, dass ich einfach keine Lust mehr dazu habe. Ich möchte endlich leben, Freude haben, unbeschwert sein. In Krankenhäusern klappt das nicht.

Außerdem haben wir Spannendes vor. David plant tatsächlich die Traumreise nach Kenia. Klar graut es mir vor dem Schmutz. Aber es reizt mich auch, einmal so weit zu fliegen, ein ganz anderes, fremdes Land kennenzulernen und Elefanten in freier Wildbahn zu erleben. Das muss traumhaft sein. Doch wenn ich jetzt an mir herumoperieren lasse, kann ich das vielleicht alles vergessen. Ich reiße mich also lieber zusammen. Das wird schon.

Doch David spielt nicht mit. Er macht wirklich den Termin aus, und eine Woche später, nach einer MRT, bekomme ich die Schockdiagnose: Bandscheibenvorfall! Und es ist dramatisch: Nervenzellen sind bereits abgeklemmt, Rückenmark ausgetreten.

»Sie kommen sehr spät, Frau Volkmann«, sagt mir der Arzt mit düsterer Miene. »Es ist fünf Minuten vor zwölf. Wir müssen sofort operieren.«

Es ist Mai 2015, und keine zwei Tage nach diesem Gespräch liege ich bereits auf dem OP-Tisch. Der Eingriff dauert drei Stunden, und ich bin letztlich froh, dass man mir hilft. Ich ärgere mich sogar mächtig, dass ich so leichtsinnig mit meiner Gesundheit gespielt habe. Hoffentlich werde ich noch einmal ganz gesund. In der letzten Zeit hat man mir auch bei der Arbeit angesehen, dass ich nicht mehr beweglich bin. Die Chefin hat mich häufig angepflaumt.

Ich bleibe eine Woche in der Klinik und bin richtig erleichtert, dass ich auch das durchgestanden habe.

Als ich endlich nach Hause kann, bin ich richtig zuversichtlich. »Gehen Sie noch zur Physiotherapie. Dann sind Sie in drei, vier Wochen wieder flott auf den Beinen«, sagt mir der Arzt zum Abschied. Ich glaube ihm.

Als David mich aus der Klinik abholt, versuche ich schon, an einer Krücke zu gehen. Er soll sehen, dass ich kämpfe. Ich ahne nicht, dass das erst der Anfang ist, denn zu Hause wartet eine ganz bittere Überraschung auf mich.

***

»Komme gleich!« Ich liege schon eine halbe Stunde im Bett, und David arbeitet immer noch in der Küche. Er sitzt am PC und schreibt eifrig an einem neuen Programm. Zumindest denke ich das.

Denn gerade war es so, als hätte ich seine Stimme gehört. Es ist Mitternacht. Mit wem telefoniert er denn um diese Zeit noch?

Als ich aufstehe, um nachzusehen, ist Stille.

»Hast du gerade telefoniert?«, frage ich nach und setze mich zu David an den Tisch. Er sieht mich überrascht an, gibt mir aber keine Antwort. Stattdessen stammelt er sichtbar nervös: »Wie kommst du denn darauf?«

Ich kenne David gut und weiß genau, wie er reagiert, wenn er unbefangen ist. Gerade war er das allerdings nicht. Er fühlt sich ertappt und hat mich angeschummelt. Ich sehe es ihm an.

Was ist los?

»Kommst du mit ins Bett«, frage ich und lasse mir mein Misstrauen nicht anmerken.

David nickt. »Komme gleich nach, noch zehn Minuten, okay? Aber schlaf ruhig schon. Du brauchst deinen Schlaf.«

»Du auch, mein Schatz«, sage ich und fühle mich richtig scheinheilig. Ich bin alles andere als fürsorglich. Ich bin sauer. Denn ich weiß, dass er mir etwas verschweigt. Und ich kann nichts so wenig vertragen wie Unehrlichkeit.

Aber ich gehe zurück ins Bett. Ich brauche wirklich meine Ruhe, und das Liegen tut meinem Rücken gut. Aber an Einschlafen ist nicht zu denken. Stattdessen spitze ich meine Ohren. Ich will unbedingt wissen, ob er noch einmal telefoniert. Aber er kommt stattdessen wirklich nach zehn Minuten ins Bett. Ob ich mir etwas einbilde?

In der Nacht finde ich keine Ruhe. Während David wie ein Kind selig neben mir schlummert, laufen in meinem Kopf schlimmste Fantasien ab: Er hat eine andere und will mich verlassen. Das ist für mich der Super-GAU, vor dem ich mich mächtig fürchte.

Und die Angst macht mich gerissen.

Als David morgens aufsteht und duscht, schnappe ich mir sein Handy, das er in der Regel immer achtlos in einem Regal auf dem Flur ablegt.

Das ist die Gelegenheit. Ich habe Glück. Es ist nicht gesperrt. Und was ich jetzt lese, bestätigt die schlimmen Gedanken der Nacht.

»Ich vermisse dich. Sehen wir uns morgen wieder?«, schreibt eine Janine.

Und David, mein David, antwortet: »Ja klar, ich denke jede Minute an dich!«

Ich scrolle das Display nach unten und kann einen kleinen Roman lesen.

Die letzten Tage haben sie sich ständig geschrieben, bei der Menge an Nachrichten kann David gar nicht mehr gearbeitet haben.

Aber das ist noch nicht alles. Die beiden schreiben sich nicht nur, sie waren sogar schon zusammen aus, in einem Bistro.

Und das Allerschlimmste ist: ausgerechnet am Tag meiner OP.

Mein David, der Mann, mit dem ich mein Leben teile, der Mann, mit dem ich für immer zusammen sein möchte, mein David schreibt mir rührselige Liebesbekundungen ans Krankenbett und sitzt dabei mit irgendeiner Tussi in einer Kneipe.

Mensch, das tut weh!

Ich stehe, mühsam mit einer Krücke und ans Regal gelehnt, im Flur, und um mich herum versinkt plötzlich die Welt. Ich habe Heinz überlebt, meine Oma, einen Suizidversuch – das jetzt überlebe ich nicht.

Es wird mir schwarz vor Augen. Ich spüre, dass meine Knie nachgeben. Mit der rechten Hand versuche ich, mich am Regal abzustützen, greife aber daneben und rutsche zu Boden. Instinktiv drehe ich mich noch zur Seite weg, um nicht auf den operierten Rücken zu fallen und reiße dabei im Fallen noch mehrere Bücher und eine Blumenvase mit zu Boden.

Es scheppert. David stößt die Badezimmertür auf und ist mit einem Satz bei mir. Er trägt nur eine Jeans, hat sogar noch Rasierschaum im Gesicht.

»Was ist passiert?«, ruft er aufgelöst. »Diana, warum liegst du hier im Flur? Du solltest doch im Bett bleiben.«

Er fasst mir unter die Arme und will mich hochheben. Aber meine Knie geben nach. Ich habe keine Kraft, um mich hinzustellen, und lasse mich wie eine leblose Puppe einfach wieder fallen.

»Du betrügst mich, David. Du betrügst mich«, schluchze ich jetzt und weine hemmungslos.

Durch einen Tränenschleier sehe ich Davids Gesicht. Es ist kreidebleich. Er sieht jetzt sein Handy in meiner Hand, reißt es blitzschnell weg.

»Was soll das?«, blafft er mich an. »Wieso spionierst du mir nach?« Mit einem Satz ist er in der Küche. Die Kaffeemaschine springt an. Ich meine ein »Ich bin es so leid« zu hören, und das ist für mich der letzte Beweis, dass er mich verlassen wird.

Und während sich David sein Frühstück macht, hocke ich vor dem Regal und heule inmitten von wahllos verstreuten Büchern und den Scherben meiner schönen weißen Vase meine große Not heraus.

David muss gleich zur Arbeit. Vermutlich trifft er sich dann mit Janine, seiner neuen Flamme. Und was wird aus mir?

Ich bin allein, so wie die meiste Zeit meines Lebens. Niemand, aber auch wirklich niemand scheint mich auf Dauer lieben zu können. Wieso auch? Ich bin krank, ein Wrack und tue mir jetzt ganz furchtbar leid.

Plötzlich beugt sich David zu mir herunter. »Diana, wir sprechen nachher darüber. Ich rufe dich an«, sagt er leise und streichelt mir meine tränennassen Haare aus dem Gesicht. »Komm jetzt, ich helfe dir hoch und bringe dich ins Bett. Du brauchst Ruhe. Komm. Und hör bitte auf, so laut zu weinen. Das geht nicht. Das hört man im ganzen Haus.«

»Jetzt stell dich nicht so an. Hör auf, so laut zu heulen. Wenn du dich so aufführst, dann habe ich dich nicht mehr lieb, verstehst du? Dann mag ich dich nicht mehr. Also, hör auf!«

Heinz hält mir den Mund zu, so fest, dass ich Angst habe zu ersticken. Ich wehre mich mit meinem ganzen Körper, versuche verzweifelt, *mich aus der Umklammerung zu befreien* ...

Wie von Sinnen schlage ich um mich, rufe »Nein, nein, bitte nicht« und bäume mich heftig mit meinem Oberkörper gegen seine Umklammerung auf.

David lässt mich irritiert los. Sekunden später sehe ich, dass er eine SMS ins Handy tippt.

»Ich gehe etwas später in die Firma. Ich kann dich so nicht allein lassen«, sagt er schließlich und setzt sich mit einem halben Meter Abstand zu mir auf den Boden.

»Diana, ich liebe dich mehr als alles andere auf der Welt. Aber mir fehlt die Nähe zu dir, ich komme nicht an dich ran. Du willst auch nicht mit mir schlafen, und darunter leide ich furchtbar.«

Es ist gut, dass er mit mir spricht. Das macht mir Mut. Ich wische mir die Tränen aus dem Gesicht und höre ihm zu.

»Ich weiß, dass ich dich nicht glücklich mache im Bett, und das betrübt mich nicht nur, es verunsichert mich auch. Ich kann dir nicht der Mann sein, den du dir wünschst. Deshalb habe ich Angst, dich irgendwann zu verlieren. Das quält mich so sehr, dass ich manchmal ganz verzweifelt bin.«

»Aber warum diese Janine? Was willst du denn von ihr?« Ich will jetzt Klarheit. Wenn David so offen ist, bin ich es auch.

»Du hast doch etwas mir ihr?«, bohre ich weiter.

David schüttelt den Kopf.

»Aber du warst doch mit ihr in der Bar. Ich habe es gelesen.«

»Ja, das stimmt, aber es ist nichts passiert. Ich habe nicht mit ihr geschlafen, glaube mir.«

»Wie kann ich das? Ihr habt euch ja wahre Liebesbriefe geschrieben. Das macht man nicht, wenn man sich nur flüchtig kennt.«

»Wir haben uns geküsst«, gibt David zu. »Aber mehr ist nicht passiert.«

»Warum? Warum nur?« Wie von Sinnen hämmere ich jetzt mit meiner Faust auf den Boden. »Wieso tust du mir das an?«

»Das habe ich doch gerade gesagt. Ich wollte mich als Mann beweisen. Janine hat mich, nachdem ich sie bei einem Freund zufällig kennenlernte, angebaggert. Ganz heftig. Ich habe mir in der Situation gefallen, es genossen, dass sie mich mag, mich reizvoll findet. Kannst du dir vorstellen, wie du dich als Mann fühlst, wenn deine Partnerin nichts von dir will? Ich sage dir, wie das ist: Du fühlst dich wie ein Nichts!«

Ich schweige, weil ich ihn verstehe. Aber so kann und will ich nicht leben.

»Du musst dich entscheiden«, sage ich dann. »Wenn ich jemals gesund werden will, brauche ich Klarheit, auch in meiner Beziehung. Entweder du siehst sie nie wieder und ich verzeihe dir. Oder ...«, es fällt mir schwer, den Satz zu Ende zu sprechen, »... oder du packst deine Koffer und gehst.«

David sagt nichts und rührt sich auch nicht von der Stelle.

Wir sitzen nebeneinander, zusammengesunken, wie zwei Vögel, denen man die Flügel gebrochen hat. Wie soll es jetzt mit uns weitergehen?

Der Ball liegt jetzt bei David im Feld.

»Ich bleibe«, sagt er schließlich. Ich schließe die Augen.

Warum ist das Leben bloß immer so schwer?

Kapitel 12

Ich brauche insgesamt drei Monate, bis ich wieder laufen kann. Drei Monate, in denen ich krankgeschrieben bin und nur zwischen Arzt- und Therapeutenpraxis und meiner Wohnung hin- und herpendele. Ich bin froh, dass ich es wenigstens einmal am Tag schaffe, in den Garten zu kommen. Dann habe ich zumindest etwas frische Luft.

Ansonsten lese ich viel, meistens Romane, bastle meine geliebten Glasperlen-Blumen, so, wie ich es in der Klinik gelernt habe, und versuche, mich darauf zu konzentrieren, irgendwann wieder richtig laufen zu können.

Es sind keine leichten Monate, aber sehr wichtige. Denn der große Knall zwischen David und mir führt dazu, dass ich in dieser Zeit auch mein Schweigen breche.

Nach Davids Geständnis im Flur weiß ich, dass ich ihm alles, die ganze Wahrheit, sagen muss. Er muss wissen, dass unser verkorkstes Sexleben nichts mit ihm zu tun hat, sondern einzig und allein an mir liegt. Ich muss ihm sagen, dass ich Nähe schlecht aushalte und Sexualität für mich eine Qual ist. Er muss wissen, dass ich dann an Heinz denken muss und die ekelhaften schlimmen Sachen, die er mit mir gemacht hat. Einen Mann zu spüren ist für mich immer gleichbedeutend damit, Heinz zu spüren, und das schürt sofort tiefsten Ekel in mir.

Heinz hat mir meine Sexualität genommen. Hoffentlich nicht lebenslang.

Anfangs ist David nach meiner Beichte stocksauer auf mich.

Ich kann ihn verstehen. Wir leben mittlerweile seit sechs Jahren zusammen, und ich habe ihn immer um absolute Ehrlichkeit und Offenheit gebeten – und dann verheimliche ich ihm genau das, was die Ursache unserer ganzen Probleme ist. Ich habe ihn quasi sechs Jahre lang mit meinen Macken konfrontiert, ihn um Verständnis und Rücksicht gebeten, ihn aber bewusst darüber im Ungewissen gelassen, was mit mir los ist. Das muss ihn ja verärgern.

Tatsächlich wollte ich oft mit ihm sprechen, aber ich konnte es einfach nicht. Ich konnte mit niemandem darüber sprechen. Nicht mit meinen Eltern, nicht mit meiner Freundin Rita, nicht mal in der Therapie. Ich habe es nicht geschafft, ein Wort darüber herauszulassen.

Das sage ich David jetzt ganz offen und entschuldige mich auch.

Ich erzähle jedoch auch diesmal nicht alles. Das geht nicht. Aber ich vertraue ihm vieles an. Abends auf dem Sofa, tagelang, immer häppchenweise.

Ich brauche viel Zeit dazu. Es geht nur in klitzekleinen Schüben. Irgendwann schnürt mir die Erinnerung dann aber die Kehle zu, und ich bekomme nichts mehr heraus.

David hat Mühe, das zu verstehen. Anfangs fragt er immer weiter nach, wenn ich nicht mehr reden mag. Er glaubt wohl, mich animieren zu müssen, mehr preiszugeben. Aber so geht das nicht. Wenn ich zumache, bin ich auch »zu«. Dann bekommt niemand mehr ein Wort aus mir heraus.

Nach einiger Zeit versteht er das und stellt sich darauf ein. Ab dem Zeitpunkt hört er auf, Fragen zu stellen, und lenkt mich stattdessen vom ernsten Thema ab. Mit einem Videospiel, einem unterhaltsamen Film oder mit dem Vorschlag, dass wir uns etwas kochen könnten. Das klappt gut, und so erfährt er nach und nach eine ganze Menge. Außerdem kann er sicher sein, dass er der erste Mensch ist, der überhaupt etwas darüber von mir erfahren hat.

***

»Es ist einfach bombastisch, unglaublich, ich kann gar nicht in Worte fassen, wie schön das ist!« Ich ergreife aufgeregt Davids Hand, kralle mich richtig fest. »Sieh mal, dort ist ein weiterer Elefant. Liebling, das sind keine dreißig Meter. Wow, ist das spannend.«

Wir haben es wirklich geschafft. Wir sind in Kenia, genau gesagt am Diani Beach. David und ich haben zwei Wochen Traumstrand-Urlaub gebucht, sind aber heute auf Safari. Ich glaube, das wird einer der schönsten Tage meines Lebens.

Seit drei Stunden knattern wir in einem Jeep durch diese faszinierende Savannen-Region und beobachten die Wildtiere. Mit uns sind noch acht andere Urlauber »an Bord«. Die Seitenplanen sind nach oben gebunden. Wir haben alle freie Sicht. Der Guide hat Ferngläser verteilt, und jetzt suchen wir neugierig die Natur ab. Jeder erhofft sich, eines der vielen hier lebenden Tiere zu sehen. Giraffen haben wir schon entdeckt, auch eine kleine Zebraherde.

Aber nun steht auf einmal ein riesengroßer Elefantenbulle vor uns und zupft entspannt an ein paar Ästen. Es ist faszinierend. So ein schönes, beeindruckendes Tier voller Stärke und Kraft. Es spricht mich ganz besonders an, weil Kraft und Stärke, die ich für mein Leben suche, mein Thema sind.

Seit dem Trouble um Janine und der wochenlangen Aufarbeitung meiner Vergangenheit ist unsere Beziehung gefestigt wie nie. David will mit mir leben, mit allem, was dazugehört. Er hat mir versichert, dass der kleine Flirt mit Janine ohne Bedeutung gewesen sei, eine Frustreaktion, weil eben nichts so lief, wie er es sich als Mann vorstellte.

Ich habe das verstanden, sehr gut sogar, und wir haben zum ersten Mal ganz offen und ohne Geheimnisse miteinander geredet. Ich weiß jetzt, was er sich wünscht: endlich mehr Intimität, mehr Sex, nach Möglichkeit einfach sexuelle Normalität, und er weiß jetzt, dass das nicht so einfach ist, auch beim besten Willen nicht.

Es ist gut, dass wir mittlerweile benennen können, was zwischen uns schiefläuft. Das ist der erste Schritt, um etwas zu ändern.

Wir sind aus der Krise gestärkt hervorgegangen, verstehen uns jetzt wirklich als Einheit. Weil wir von unseren Wünschen und Schwächen wissen.

»Sieh mal, da ist ja noch eine ganze Herde. Dahinten, siehst du.« David schiebt mit einer Hand das Fernglas weiter nach links. »Jetzt müsstest du es sehen.«

»Meine Güte, das ist ja toll. Wir haben so viel Glück.«

Der Fahrer stellt den Motor aus. Er will uns die Gelegenheit geben, ganz in Ruhe die gewaltigen Tiere zu beobachten.

Im Wagen ist es mucksmäuschenstill. Jeder versucht, unnötige Bewegungen zu vermeiden. Wir sind alle gebannt von diesem faszinierenden Moment.

Für mich sind diese Bilder auch ein Zeichen: Ich bin persönlich an dieser Krise gewachsen. Ich hatte eine OP hinter mir, war für drei Monate krankgeschrieben und fand heraus, dass sich mein Mann ausgerechnet am Abend meines OP-Tages mit einer anderen traf und ihr auch danach noch von Liebe und Gefühlen schrieb. Das war ein gewaltiger Schock, und im ersten Moment dachte ich: Das packe ich nicht. So wie damals, als mir die Nachricht von Philips Tod und die spätere Fehlgeburt jeden Lebenswillen nahmen. Als ich vor dem Regal lag, war mein erster Gedanke: Ich nehme Schlaftabletten. Ich wollte einmal mehr Schluss machen, um nicht länger leiden zu müssen.

Doch dieses Gefühl der Verzweiflung war Quatsch und hat sich schnell wieder gelegt. Ich habe kapiert, dass Schmerzen und Leiden zum Leben gehören – und man sich ihnen stellen muss!

Ich will ein großes, starkes Mädchen sein, wie früher. Und ich will eine starke Frau werden. Das ist seit Langem mein Ziel. Nichts und niemand darf mich davon abhalten. Wenn David mich nicht mehr liebt, darf mich das umhauen, ja, ich darf weinen und tieftraurig sein. Aber ich darf nicht daran zugrunde gehen. Ich muss meinen Weg notfalls auch ohne David weitergehen. *Mit* ihm ist es schöner, keine Frage. *Mit* ihm ist es sogar perfekt. Aber *ohne* ihn muss es eben auch gehen. Ich will nicht mehr von der Zuwendung anderer abhängig sein.

Seitdem ich mir das vorgenommen habe, wenige Tage nach meinem Zusammenbruch, fühle ich mich stark, fast unbesiegbar, wie ein Elefant. Ich will und ich werde es schaffen, die Schatten der Vergangenheit abzulegen!

Der Fahrer blickt nun fragend nach hinten, macht ein Zeichen, ob er weiterfahren soll. Die beiden Paare vor uns nicken, die anderen offensichtlich auch. Jedenfalls lässt er den Motor an. Es geht weiter, zum nächsten Buschabenteuer.

Es liegen noch ein paar Stunden vor uns, und wir werden dann in einer Lodge essen.

»Mensch, ist das schön hier. Ich bin begeistert«, flüstert mir David ins Ohr und haucht mir einen Kuss auf die Wange. »Ich könnte mir vorstellen, für immer in Afrika zu leben.«

»Ich gehe mit dir überallhin, auch in den Busch.«

Ich lächle ihn an. Wir sind unendlich glücklich.

***

Im Hotelzimmer duftet es herrlich. David hat Vanillekerzen angezündet, dazu vom Zimmerservice einen Cocktail bringen lassen. Wir haben es uns in unserem riesengroßen Bett gemütlich gemacht und können von hier aus das Meer rauschen hören.

Aber an diesem Urlaubsabend in Kenia geht es weniger um den Ausblick, sondern vielmehr um unser Liebesleben. Wir wollen es endlich in Schwung bringen, und was kann idealer dafür sein als eine Tropennacht am Ozean. Wir haben genau geplant, wie alles ablaufen soll: Erst schaffen wir eine gemütliche Atmosphäre, dann reden wir locker über etwas, das uns beide interessiert, und nach und nach kommen wir zur Sache.

Ich brauche das zwar nicht und bin ganz froh, wenn ich keinen Sex haben muss. Er tut mir weh, macht mir Angst und erinnert mich an die schlimmen Jahre mit Heinz. Aber wenn ich ein normales Leben führen will, mit einem Mann, mit meinem David, dann muss ich es versuchen, irgendwie.

»Du bist so schön«, flüstert David und zieht mich zu sich herüber. Er legt seinen Arm um meine Schulter und sieht mich ganz verliebt an. Ich weiß genau, was jetzt kommt: Er wird mich küssen. Erst ganz sanft, dann immer drängender, fordernder.

Seine Zunge schmeckt nach Tabak und Knoblauch und fühlt sich an wie ein nasser Lappen, der jetzt in meinem Mund steckt. Ich spüre, wie mir übel wird und mein Magen rebelliert. Ich muss würgen und schmecke das Mittagessen, das Frieda heute für mich gekocht hat: Spaghetti bolognese. Ich will meinen Kopf wegdrehen, um die Zunge loszuwerden. Aber es gelingt mir nicht. Heinz hält mit der Hand mein Gesicht fest, stößt immer fester mit seiner Zunge in meinen Mund. Es ist schrecklich, und jede Sekunde erscheint mir wie eine Ewigkeit.

Davids Zunge schlängelt sich nun über meinen Hals, die Schultern, zu meinen Brüsten. Ich liege starr. Aber ich halte durch. Wie in all den Jahren auch. Ich sehe aus dem Fenster. Draußen ist es stockdunkel. Nur der Mondschein tanzt auf den Wellen. Ich denke daran, was wir uns später an der Hotelbar bestellen können. Gestern habe ich all die fantastischen Kreationen gesehen, mit frischen tropischen Früchten. Danach können wir uns noch an den Strand setzen und aufs Meer schauen.

David verwöhnt mich mit seiner Zunge. Ich spüre seine Erregung. Es tut ihm gut. Das ist mir wichtig. Gleich wird es wehtun. Aber ich bin ein großes, starkes Mädchen, muss es sein, seit frühester Zeit. Ich werde mir nichts anmerken lassen. Nichts sagen. Nicht reagieren. Wenn ich einfach still liegen bleibe, ist es schnell vorüber ...

»War es schön für dich?«, haucht David mir ins Ohr – oder besser gesagt: Er versucht es. Denn ich bin mit einem Satz aus dem Bett. Ich vergesse sogar meine Rückenschmerzen und springe so schnell aus dem Bett, dass ich es fast knacken hören kann.

»Ja, war toll«, rufe ich ihm noch zu, und dann bin ich auch schon raus aus der Situation und mit wenigen Schritten im Bad. Ich stelle den Duschkopf an, teste die Temperatur und genieße das Wasser auf meiner Haut. Ich brauche fast eine halbe Flasche Duschgel und mehr als zwanzig Minuten, um mich wieder halbwegs sauber zu fühlen.

All meine Gedanken konzentrieren sich in dieser Zeit auf den Cocktail, den ich mir zur Belohnung bestellen werde. Ich nehme einen mit Ananas und Mango. Ich freue mich darauf, mich gleich chic zu machen und auszugehen. David mag das Hotelleben. Es wird bestimmt ein wunderschöner Abend.

Im Zimmer höre ich den Fernseher. Es läuft ein Spielfilm, englischsprachig. David sieht entspannt aus. Das freut mich. Wenn wir gleich zusammen hinuntergehen, werde ich ihm noch einmal sagen, dass ich anfange, seine Zärtlichkeiten zu genießen. Doch das stimmt nicht.

***

Ich arbeite zwischenzeitlich im Salon von Evelyn. Meine alte Arbeitsstelle habe ich gekündigt, nachdem der Druck dort immer größer wurde.

Evelyn ist eine tolle Chefin, sehr freundlich, mit klaren Anweisungen. Ich komme gut damit klar und fühle mich wohl. Aber ich habe auch von Anfang an ein schlechtes Gewissen, denn ich ahne, dass ich den Job nicht lange durchhalten kann.

Die Rückenschmerzen, die mich immer noch plagen, werden stetig schlimmer. Noch schleppe ich mich mit starken Schmerzmitteln zur Arbeit. Aber wie lange noch? Manchmal dreht sich schon alles um mich herum, weil mich die Medikamente richtig zudröhnen. Und es wird immer heftiger. Statt der ursprünglichen zwei Schmerztabletten morgens und abends nehme ich längst die dreifache Dosis. Das kann nicht gut gehen. Aber ich will nicht wieder in eine Klinik. Ich träume endlich von Normalität.

Doch der Traum zerplatzt, als ich im Januar 2016 nicht mehr aus dem Bett komme. Dieses Mal sind beide Beine gelähmt. Ich kann nicht mal mehr allein aufstehen. Mit einer Handvoll Tabletten schaffe ich es dann nach einiger Zeit wenigstens, in die Klinik zu kommen. Dieses Mal ist der Lendenwirbel betroffen. Ich werde sofort operiert. Zwei Wirbel werden versteift, danach geht es erneut in die Reha. Wieder komme ich an Krücken nach Hause und wieder auch mit Schmerzen.

Die OP bringt offenbar nichts. Es geht mir weiterhin schlecht, und mittlerweile bin ich als »langzeitkrank« eingestuft.

»Sie können Ihren Beruf als Friseurin nicht mehr ausüben«, teilt mir mein Arzt eines Tages mit. Ich weine, da ich meine Arbeit doch liebe. Wie aussichtslos es allerdings ist, erfahre ich, als er mir seine Diagnose erklärt: »Ihre Wirbelkörper sind instabil und porös. Sie werden nie mehr wieder lange stehen können.«

Rumms! Der Satz sitzt. Es ist vorbei. Ich habe mir durch meinen dummen Suizidversuch meinen Rücken und damit auch meine berufliche Zukunft versaut.

Als ich von der Praxis nach Hause humple, bin ich todtraurig. Ich weiß nicht, wie es weitergehen soll. Arbeiten kann ich nicht mehr. Also verdiene ich auch kein Geld. David hat zwar immer gesagt, dass er für mich aufkomme, wenn es nötig sei. Aber das ist nicht, was ich möchte. Ich möchte doch frei sein, unabhängig, auch finanziell. Davon jedoch bin ich momentan meilenweit entfernt.

Mit meinem ärztlichen Attest gehe ich zum Amt. Ich möchte einen anderen Beruf erlernen, einen, den ich sitzend ausüben kann. Aber man schmettert mich ab. Eine Umschulung sei nicht möglich. Ich kann laut Mediziner keine acht Stunden mehr arbeiten, nie mehr.

Was jetzt?

»Sie machen erst einmal ihre Reha-Maßnahme. Dann sehen wir weiter«, vertröstet mich die Dame vom Arbeitsamt. Sie hat gut reden.

Was das heißt, ist klar. Ich bin wieder wochenlang in Kliniken, humple von Therapie zu Therapie.

Letztlich dann auch noch ohne Erfolg. Denn Ende des Jahres 2016 folgt gleich die nächste OP, dieses Mal ist der Halswirbel dran, und alles beginnt wieder von vorn.

Als ich im Herbst 2017 auf meine endlose Krankengeschichte zurückblicke, liegen acht Monate an Krücken hinter mir, und ich habe das Gefühl, nicht mehr weiter leiden zu können. Es ist alles zu viel. Ich bin müde vom Kämpfen: um meine Seele, meine Gesundheit, meine Liebe. Ich denke mal wieder ans Sterben, sehne mich nach Ruhe und danach, an nichts mehr denken, nicht mehr weitermachen zu müssen mit meinem anscheinend verkorksten Leben.

Ich bin müde, unendlich müde.

An einem Dezembermorgen fühle ich mich besonders hoffnungslos. Seit Kurzem schlucke ich Opiate. Vermutlich muss ich sie lebenslang nehmen. Was ist das für eine Zukunft?

Es ist Adventszeit. David ist schon zur Arbeit, und vor mir liegt ein neuer Tag voller Einsamkeit, Zweifel und Schmerz. Mein Leben spielt sich auf sechzig Quadratmetern ab. Ich komme nur mit Davids Hilfe die Treppe hinunter. Wenn er zur Arbeit ist, bedeutet das für mich Hausarrest.

Draußen springen nach und nach die Lichter der üppigen Weihnachtsdekoration an. Ich würde auch gern einmal über den Weihnachtsmarkt bummeln, einen Glühwein trinken, mit Freunden lachen und unbeschwert sein. David hat einige Weihnachtsfeiern in der Firma und im Verein – und ich habe nichts weiter als meine Küche, und dort sitze ich jeden Tag, seit Monaten. Entweder Klinik oder Küche. Das ist kein Leben.

Gut, ich bastle jetzt gern Weihnachtsdekos, ein Holzhaus mit bunten Klappfenstern zum Beispiel, auf das ich viel Mühe verwende. Das habe ich damals in der Therapie gelernt, und es beruhigt mich nach wie vor. Aber immer nur basteln? Ich bin allein und krank, habe immerzu Schmerzen, kann nicht annähernd ein normales Leben führen. Und das Schlimme: Ich weiß, es wird sich nicht ändern. Ich bin längst chronisch krank und wahrscheinlich bald verrentet, mit knapp dreißig Jahren.

Zudem werde ich die schlimmen Bilder im Kopf nicht los, die mich seit Langem begleiten. Sie tauchen weiterhin in unregelmäßigen Abständen auf, und ich kann sie nicht einfach wegblenden, nicht steuern. Sie sind einfach immer wieder da und machen mein Leben zur Qual.

Als ich die Pillenschachtel sehe, die ich gestern aus der Apotheke geholt habe, durchzuckt es mich. Ich habe genug Opiate im Haus. Es reicht etwas Mut – und alles hat ein Ende. Ich werde David einen Brief schreiben. Er war das Beste, das mir in diesem Leben passieren konnte. Er ist ein wunderbarer Mensch.

Und ich werde auch meinen Eltern schreiben. Sie haben sich falsch verhalten, aber nicht, weil sie böse sind, sondern eher, weil sie zu sehr mit sich selbst beschäftigt waren. Ich verzeihe ihnen, dass sie mich nicht lieben konnten. Das gibt es. Niemand kann etwas dafür. Liebe ist ein Geschenk. Man kann sie nicht einfordern, auch nicht als Kind.

Meiner Oma werde ich auch einen Brief schreiben. Nur ein paar Zeilen. Ihr verzeihe ich nichts. Sie hat mich an einen Perversen ausgeliefert und dann weggesehen. Oder vielleicht war alles auch noch einmal ganz anders – ich denke auch jetzt wieder an die viel zu teure Renovierung. Sie hat mich zerstört, mit ihrer Gleichgültigkeit. Dafür gibt es keine Entschuldigung.

An einer Krücke humple ich in die Küche und koche mir dort einen leckeren Apfeltee. Er riecht herrlich nach frischer Frucht. Damit humple ich zurück ins Bett, löse die Pillen aus der Verpackung und lege eine Handvoll auf ein kleines Porzellantellerchen.

Ich brauche nur etwas Entschlossenheit. Es tut nicht weh. Ein Griff und alles ist gut. Ich schließe die Augen. Der Tod kann nicht schlimmer sein als das Leben.

Kapitel 13

»Ich brauche Hilfe, dringend. Wann kann ich bei Ihnen einen Termin bekommen?«

Ich habe bei Doktor Bernhard, einem bekannten Psychotherapeuten, angerufen und um einen Termin gebeten. Doch die Sprechstundenhilfe wimmelt mich ab.

»Das tut uns leid. Der Herr Doktor hat frühestens in sechs Monaten etwas frei ...«

Aber ich lasse nicht locker.

»Bis dahin halte ich es ohne Hilfe nicht durch. Könnten Sie nicht bitte noch einmal nachsehen?«, bettle ich.

Doch ich habe keinen Erfolg.

»Das muss ich nicht. Ich führe den Terminplan. Glauben Sie mir, da gibt es keine Lücke.«

Ich bedanke mich trotzdem, lege den Hörer auf und tippe die Nummer des nächsten Therapeuten ein. Es kann doch nicht sein, dass mir niemand hilft.

Ich habe die Tabletten schließlich doch nicht geschluckt! Etwas hielt mich davon ab. Ein starker Überlebenswille. Nein, ich wollte Heinz den Sieg nicht gönnen. Diesen Triumph hat er nicht verdient. Es darf nicht sein, dass es ihm gelungen ist, mich kaputtzumachen. Ich habe mittlerweile doch schon so viel Energie aufgebracht, um gesund zu werden. Das alles soll nicht umsonst gewesen sein!

Statt mir das Leben zu nehmen und still und leise zu verschwinden, habe ich an jenem Dezembertag einen Entschluss getroffen: Ich will mich innerlich und äußerlich aufrichten und endlich die ganze Verantwortung für mein Leben übernehmen! Und dazu gehört, dass ich mich selbst verstehe und akzeptiere, so wie ich bin.

In den letzten Wochen zu Hause habe ich viel gelesen, auch über Therapien und über die Folgen von sexuellem Missbrauch und zudem viele Erfahrungsberichte anderer Betroffener. Die Opfer haben darin ihre Symptome geschildert, und seitdem weiß ich, dass mein Verhalten bei meiner Geschichte nicht ungewöhnlich ist. Es ist sozusagen normal, dass Betroffene nicht über ihre Missbrauchserfahrung sprechen können. Gerade bei sexuellem Missbrauch als Kind wird uns eingebläut, dass wir nichts sagen dürfen. Viele Kinder werden darüber hinaus noch bedroht oder mit drastischen Ankündigungen unter Druck gesetzt. Man droht ihnen, dass man sie in ein Kinderheim stecke oder das geliebte Haustier töte, wenn sie es wagten, etwas zu erzählen. Es ist so leicht, ein Kind einzuschüchtern.

Heinz musste gar nicht zu solchen Mitteln greifen. Ich war noch so klein und wie alle Kinder gewöhnt, auf Erwachsene zu hören, zu gehorchen. Außerdem hatte ich gar keine Ahnung, was Sexualität ist. Ich dachte vermutlich wirklich, dass man das so macht, wenn »man sich lieb hat«, wie Heinz es immer ausdrückte. Kinder in dem Alter sind eine leichte Beute.

Schnell kommt dann auch ein schlechtes Gewissen dazu. Ich erinnere mich noch gut, dass ich mich lange Zeit schuldig fühlte. »Du siehst so süß aus, wenn du lachst«, hat Heinz oft gesagt, und ich habe gedacht, dass ich ihn mit meinem Aussehen zu diesen Dingen verleite.

Natürlich habe ich dann aufgehört zu lachen. Aber er fand mich trotzdem weiter süß. Was das in mir auslöste, ist klar: Ich war also schuld, weil ich ihn immer dazu gebracht habe, diese schrecklichen Dinge mit mir zu machen.

Außerdem hat er mir eingeredet, dass ich es doch auch wolle, dass wir sozusagen Komplizen seien. Wie widerwärtig!

Immer wieder hat er gesagt, dass es doch »schön für mich ist« und »dass ich darauf warte, dass er sich zu mir legt« ... Was soll ein Kind da denken? Es glaubt, was die Erwachsenen sagen. Er hat mir, dem Opfer, also auch noch die Verantwortung für sein Leid zugeschoben. Infam!

Anfangs rebellierte meine eigene Gefühlswelt noch dagegen. Ich empfand doch alles ganz anders! Es war eben nicht schön, es war furchtbar. Und ich wollte es nicht, auf keinen Fall! Aber wenn es dann trotzdem jeden Tag passiert, vertraut man als Kind seinen Gefühlen nicht mehr. Man denkt, man täuscht sich und muss lernen, seine falschen Gefühle zu unterdrücken.

Und wie soll man gar etwas in Worte fassen, was so ein Gefühlschaos auslöst? Ich habe es ein paarmal versucht, bin dabei aber auf taube Ohren gestoßen oder geschlagen und beschimpft worden. Wenn ein Kind das erlebt, spricht es nicht mehr. Zumal es sowieso schon schwer ist, über solche Erlebnisse zu reden.

Ich habe als Kind den völligen Kontrollverlust erlebt, war hilflos anderen ausgeliefert, hatte keine Aussicht auf ein Ende der Qualen.

Welche Seele kann das folgenlos aushalten? Ich habe mich notgedrungen verändert. Als Kind war ich still, ängstlich, habe mich in meine eigene kleine Welt zurückgezogen. Als Jugendliche habe ich mich gehasst, wollte bewusst hässlich und unattraktiv für Heinz sein, habe mich dick gefressen, mich äußerlich gehen lassen, mich und meine Weiblichkeit abgelehnt. Ich steckte voller Minderwertigkeitsgefühle, war unsicher, ohne Freude und habe vermutlich schon damals schwere Depressionen gehabt.

Erst mein durch Heinz' Torturen verletzter Körper hat mein Leid endlich auch nach außen hin sichtbar gemacht.

Ich war ein körperliches und seelisches Wrack, nicht wert, geliebt zu werden. So bin ich jahrelang durchs Leben getaumelt, unsicher, ohne Vertrauen in mich und andere.

Ich dachte, Heinz passt auf mich auf. Aber er hat mein Urvertrauen mit Füßen getreten, mich verraten. Dazu kam Oma, die wegsah, als ich sie so dringend brauchte. Und meine Eltern, die keine Zeit hatten, um mich aus dieser schlimmen Situation zu retten. Alle, die für mich da sein sollten, ließen mich im Stich. Das habe ich bis in mein jetziges Leben mitgenommen.

Es dauert sehr, sehr lange, bis ich jemandem vertrauen kann. Im Moment gibt es nur David.

Ich bin also ein ganz normales Opfer. Um die Opferrolle abzulegen und irgendwann frei leben zu können, muss ich noch viel lernen. Aber ich kann das nicht allein. Ich brauche professionelle Unterstützung – und genau darum bemühe ich mich jetzt.

Mein Hausarzt hat mir schon vor einer Woche prophezeit, was mir jetzt alle sagen: »Es gibt keinen Platz, frühestens in drei Monaten, wahrscheinlich sogar erst in sechs Monaten. Sie müssen warten.«

Aber das akzeptiere ich nicht. Ich nehme mein Leben nun endlich selbst in die Hand. Ich bin 29 Jahre alt, krank, verbringe mehr Zeit in Kliniken als zu Hause, ich bin nicht mehr arbeitsfähig.

Nein, nicht mit mir! Ich will für mich sprechen, handeln und für mich verantwortlich sein. Ich will nichts mehr anderen überlassen.

Ich habe nachgelesen, warum ich so bin, wie ich bin. Mit meinen vielen Ängsten und Zwängen. Dafür bin ich nicht verantwortlich. Schmutzige Sexspiele und all die Gewalt haben mich dazu gemacht. Ich war noch so klein und konnte mich nicht dagegen wehren.

Aber jetzt bin ich erwachsen, und es zählt allein, was ich aus meiner Zukunft mache. Ich habe die Verantwortung dafür, dass ich das Beste aus mir heraushole, das Beste aus meinem Leben mache. Aufgeben? Nie wieder!

Ich telefoniere mehr als zwanzig Praxen in der ganzen Umgebung ab, niemand hat Zeit. Doch ich gebe nicht auf, frage mich weiter durch.

Meine Hartnäckigkeit wird schließlich belohnt. Von einer Bekannten erfahre ich, dass in Halberstadt gerade erst eine Praxis eröffnet habe. Eine gewisse Frau Wagner praktiziere dort, von der sie schon Gutes gehört habe. Ich rufe sofort dort an – und habe Erfolg.

»Ja, bitte kommen Sie vorbei. Wann passt es Ihnen?« Ich traue meinen Ohren kaum: Ich kann kommen!

Ich bin so glücklich. Wenn wir uns jetzt noch sympathisch sind, beginne ich meine Therapie, und dieses Mal soll es um den Missbrauch gehen. Ich bin so weit. Ich will endlich lernen, das Grauen auszusprechen. Ich weiß, dass ich nun wieder auf einem guten Weg bin und mir das helfen wird, endlich weitere Fortschritte zu erzielen.

Keine zwei Tage später sitze ich in der schicken, hochmodernen Praxis.

Die Therapeutin, eine schmale, schlanke Frau mit langem blondem Haar und einem offenen, freundlichen Lächeln, erzählt mir, was mich erwarte. Sie arbeitet mit mir auf drei Ebenen.

In der ersten Phase soll ich nur aus meinem Leben erzählen. Sie will mich kennenlernen und von meinen Ängsten erfahren.

In der zweiten werde ich mit meinem Trauma konfrontiert. Ich solle erzählen, was ich mit Heinz erlebt und durchlitten hätte, so genau und detailliert wie möglich. Ich solle mich ganz bewusst den schlimmen Erinnerungen stellen. Sie aus den seelischen Nischen und Verstecken, von denen aus sie permanent

Unruhe in meiner Psyche stiften, herausholen, damit ich sie neu einordnen und dann verschwinden lassen kann.

Ich weiß nicht, ob ich das schaffe, ob es mir wirklich gelingt, in Worte zu fassen, was er mir angetan hat. Aber ich will stark sein, es zumindest versuchen. Ich will nicht länger alles wegblenden und verdrängen, sondern mich dem Erlebten stellen. Das ist wichtig. Ich muss es tun.

»Stellen Sie sich ein umgeworfenes Bücherregal vor«, erklärt die Therapeutin. »Die Bücher sind die Erinnerungen, der Boden ihre Psyche. Die Erinnerungen liegen ganz durcheinander und behindern alles. Wenn Sie jetzt das Bücherregal wieder aufstellen, jedes Buch in Ruhe lesen und dann einzeln hübsch sortiert wieder einräumen, herrscht im Regal und damit in ihrer Psyche wieder Ordnung.«

Es klingt so einfach. Doch ist es das auch? Ich schöpfe jedoch wieder Hoffnung.

»Aber was passiert mit meinen Bildern im Kopf?«, frage ich dann direkt heraus.

»Das läuft ähnlich ab«, erklärt Frau Wagner. »Sie können die vielen Flashbacks, die Erinnerungsfetzen aus Bildern, Gefühlen, Gerüchen, Wortfetzen und Melodien richtig verbinden und in ihrem Kopf zusammenhängend neu speichern. So, dass sie Ihnen nicht mehr schaden. So, dass Sie die zusammenhängende Erinnerung als einen Teil Ihres Lebens abspeichern und akzeptieren.«

»Und wie macht man das?«, hake ich neugierig nach.

»Wir holen die Erinnerung erst einmal nach oben. Das Ziel ist es, dass Sie Ihre Erinnerungen gut anschauen und dann wie einen ›alten Film‹ weglegen, einen Film, den Sie schon kennen, der Ihnen aber nicht mehr wichtig ist.«

»Ich soll mich mit meiner Vergangenheit aussöhnen?«

Die Therapeutin nickt.

»Ich soll akzeptieren, was ich erleben musste? Das kann ich nicht!«, antworte ich sofort.

»Doch!«, sagt sie. »Das können Sie, ganz bestimmt. Am Ende der Therapie werden Sie nicht mehr ständig alles noch einmal vor Ihrem geistigen Auge sehen und erleben. Sie werden frei sein und sich auf das konzentrieren können, was das Leben jetzt, im Hier und Heute, für Sie ausmacht.«

Es klingt wirklich überzeugend, und ich fühle mich ernst genommen. Bestimmt wird jetzt alles gut.

Auch der Inhalt der dritten Phase bestätigt meine Hoffnung. Ich werde nämlich das Handwerkszeug bekommen, um all das Erlernte anwenden zu können. Ich werde lernen, wie ich mit den Mitteln, die mir zur Verfügung stehen, das Bestmögliche erreichen kann.

»Ich werde aber nie mehr körperlich ganz gesund sein«, werfe ich ein.

Die Therapeutin geht sofort auf mich ein. »Dann müssen Sie es annehmen!«

Ich atme tief durch und spreche aus, was mir gerade klar geworden ist.

»Ich werde auch nie mehr in meinem geliebten Beruf als Friseurin arbeiten können ...«

»Auch das müssen Sie annehmen und sich eine andere berufliche Aufgabe suchen.«

Ich nicke.

»Das hört sich alles so leicht an.«

»Das ist es nicht. Aber Sie schaffen das. Ganz sicher!«

Ich habe noch viele Fragen, die wir nach und nach bearbeiten wollen: Wie soll ich mit meiner Familie umgehen? Wie kann ich trotz meiner vermutlich nie ganz zu überwindenden Ängste meinen Platz im Leben finden? Und wie schaffe ich es, eine funktionierende Beziehung zu haben? Ich werde das Thema Sex in einer Partnerschaft nicht ausblenden können. Wenn ich in einer Partnerschaft leben möchte, muss ich mich damit arrangieren, es versuchen.

»Wir machen alles ›step by step‹«, empfiehlt Frau Wagner. »Aber ich empfehle Ihnen später im Anschluss eine Sexualtherapie. Sie müssen lernen, Körperlichkeit nicht als Gefahr, als etwas Schmerzhaftes zu sehen, sondern als etwas Schönes, Positives.«

Ja, ich will auch das versuchen.

David verspricht mir am Abend sogar, mitzumachen. Nicht gern, das hat er schon signalisiert. Aber mir zuliebe ist er dabei. Ich bin ihm sehr dankbar dafür.

Als ich nachts in meiner Küche sitze und aus dem Fenster sehe, bin ich zufrieden und erleichtert. Es ist schön zu wissen, was auf mich zukommt. Ich bin dankbar, dass hier eine Expertin ein Paket schnüren wird, mit dem sie mich vorsichtig und behutsam in ein anderes Leben führen wird.

***

»Und, was hat er dann gemacht. Versuchen Sie sich zu erinnern ... Diana?«

Ich sitze zusammengesunken in dem gelben Polstersessel und kann die Frage einfach nicht beantworten.

»*Leg dich hin, meine Süße, mache es dir bequem. Ja, so ist es gut. Ist dir warm genug? Du sollst nicht frieren. Ich möchte, dass es dir gut geht. Du magst doch auch, was ich tue, nicht wahr?*«

Ich sehe Heinz vor mir. Er trägt nur seine Unterwäsche. Die hageren Beine zittern. Aber was tut er? Ich weiß es nicht.

»Diana, gehen Sie hinein in die Situation. Frieda hat sich hingelegt. Sie sind allein mit Heinz. Was macht er mit Ihnen?«

Ich weiß es nicht! Ich erinnere mich nicht! Partout nicht!

Aber mir wird furchtbar übel. Ich kann nicht mehr sitzen. Mein Magen drückt. Ich habe Angst, mich hier, in der Praxis, übergeben zu müssen.

Ich unterdrücke das Gefühl, habe aber schon einen ganz komischen Geschmack im Mund. In meinem Kopf sind sie wieder da: die Bilder. Der ganze Dreck kommt wieder hoch. Ich sehe eine Hand, ein Geschlechtsteil. Ich höre eine Stimme. Musik. Es riecht – nach Lavendel. Aber die einzelnen Erinnerungsfetzen ergeben keinen Film.

Ich möchte so gern die Tränen zurückhalten, doch es geht nicht. Ich weine jetzt, hemmungslos, minutenlang.

Frau Wagner sitzt da. Sie sagt nichts, lässt mich weinen.

»Sie haben Zeit«, meint sie schließlich. »Entspannen Sie sich! Wir kommen jedes Mal ein Stückchen weiter.«

Aber ich kann mich nicht entspannen. Ich habe meinen Körper nicht unter Kontrolle. Ich zittere und habe plötzlich furchtbare Schmerzen.

»Wir machen für heute Schluss!«, höre ich die Stimme der Therapeutin.

»Erzählen Sie mir bitte von Ihren Reiseplänen«, macht sie dann nach einer kurzen Pause mit einem privaten Thema weiter. »Wohin soll es denn gehen?«

Ich wische mir mit einem Taschentuch die Tränen ab.

»Wir fahren an die See«, sage ich. »Vermutlich nach Polen. Die Ostsee soll dort sehr schön sein.«

»Ja, ich war schon oft dort. Das Meer ist sauber, die Strände sind weiß und selten überlaufen. Das ist eine gute Idee.«

Wir plaudern noch ein bisschen. Über belanglose Themen. Ich soll wieder runterkommen. Das habe ich verstanden. Und in der Praxis gelingt es mir auch.

Später, auf dem Nachhauseweg, bin ich hundemüde. Die Sitzungen strengen mich sehr an. Aber ich will mich nicht beschweren. Es ist gut, dass es sie gibt.

Ich bin noch mit David verabredet. Wir treffen uns in einem Eiscafé. Seine Kollegin Kathrin wird auch dabei sein. Ich freue mich auf die Abwechslung.

Aber als ich mit den beiden an dem kleinen Bistrotisch sitze, weiß ich, dass es keine gute Idee war. Ich fühle mich innerlich so blockiert, dass ich kaum ein Wort herausbekomme. Ich muss künftig nach einer Sitzung direkt nach Hause gehen, mir einen Tee kochen, mich ausruhen. Alles andere bringt mir nichts und auch nicht den anderen. Ich bin so kein guter Gesprächspartner.

»Verzeih, Kathrin, dass ich so still bin. Es hat nichts mit dir zu tun, ja«, sage ich entschuldigend und hoffe, dass sie mir meinen Rückzug nicht übel nimmt.

Kathrin lächelt. »Kein Problem. Ich gebe aber zu, dass ich mich gewundert habe.«

»Verständlicherweise«, nicke ich. »Du sitzt mit einem Menschen am Tisch, der nur vor sich hin starrt.«

Und dann mache ich etwas, das ich noch nie gemacht habe. Ich sage die Wahrheit.

»Weißt du, ich mache gerade eine Traumatherapie und komme direkt von einer Sitzung, bin innerlich erschöpft und völlig ausgebrannt. Es ist nicht leicht, über belastende Situationen zu sprechen.«

Kathrin sieht mich milde an.

»Das verstehe ich«, sagt sie. »Genieße den Kaffee, ganz in Ruhe, so wie du es brauchst. Kümmere dich nicht um mich.«

Ich merke, dass die Therapie wirkt. Sie ist das Beste, was mir passieren konnte. Denn ich lerne, über mich und das Grauen zu sprechen.

»Ich habe einen jahrelangen Missbrauch erlebt«, sage ich plötzlich. Und das auszusprechen ist mein größter Erfolg.

David sieht mich an. Er scheint nicht glauben zu können, was er gerade gehört hat.

Ich lächle zufrieden: Ich bin auf einem sehr, sehr guten Weg.

***

»Warum hast du das zugelassen?« Ich bin gestärkt durch meine ersten Therapiestunden auf dem Weg zu Oma und werde ihr heute noch einmal die für mich wichtigste Frage der Welt stellen.

Oma lebt nicht mehr in ihrem Haus, sondern in einem Altenheim in Halberstadt. Dort hat sie ein kleines Apartment. Es ist gut, sie an einem neutralen Ort zu treffen, mit dem ich nichts verbinde.

Aber als ich ihren Namen am Türschild lese, habe ich bereits weiche Knie. Für mich hat sie Schuld an meinem Leid. Denn sie hätte den Missbrauch sofort beenden können. Ich habe sie mehrmals um Hilfe angefleht, ihr gesagt, dass Heinz ganz schlimme Dinge mit mir mache. Sie aber hat nicht reagiert, im Gegenteil, sie hat meine Stimme kaputt geschlagen. So lange, bis sie nicht mehr da war und ich geschwiegen habe, so, wie es viele Kinder tun. Die Autorität der Erwachsenen reicht, um sie mundtot zu machen.

Ich drücke energisch auf die Klingel. Evi, ihr Dackel, bellt.

Ich habe Angst. Wie werde ich mich verhalten, wenn ich ihr gleich gegenüberstehe?

Oma lächelt mich unbeholfen an. Sie freut sich, mich zu sehen. Evi springt ausgelassen an mir hoch und lässt mich sie sofort auf den Arm nehmen. Es ist irreal. Die Enkeltochter besucht die Oma, der Dackel bellt fröhlich, alles scheint Friede, Freude, Eierkuchen.

Doch meine Begrüßung ist kühl. Ich sage knapp Hallo, sie streicht mir über den Arm. »Das ist ja schön, dass du mich besuchen kommst«, sagt sie.

»Ich habe gerade einen Kaffee gekocht. Magst du?«

Oma ist freundlich und unbekümmert, im Moment wirklich wie eine liebe nette Großmutter.

Ich schüttle den Kopf, setze mich aber.

»Ich mag nichts, danke. Ich möchte mit dir reden!«

»Was ist denn? Hast du Kummer?«

»Ich mache eine Traumatherapie, Oma!«, falle ich mit der Tür ins Haus.

»Du machst was? Was ist das denn?«

»Eine Therapie. Ich brauche Hilfe. Ich hatte keine schöne Kindheit!«

»Wieso nicht. Du hattest doch alles. Ich habe für dich das letzte Geld ausgegeben. Du hast wahrscheinlich mehr Puppen besessen als jedes andere Kind im Ort.«

Ihre Augen blitzen angriffslustig, fast so wie früher, wenn ich sie mit etwas konfrontiert habe.

»Ich rede nicht von Puppen. Du hast mich wegen jeder Kleinigkeit geschlagen.«

»Du warst ein schwieriges Kind!«

»Das ist keine Antwort. Man kann doch nicht auf ein kleines Kind einschlagen!« Meine Stimme überschlägt sich jetzt fast, so ärgerlich machen mich ihre verharmlosenden und ausweichenden Antworten.

Aber Oma hat ihren Biss nicht verloren.

»Herumschlagen ist ja wohl das falsche Wort. Eine Ohrfeige hat noch keinem geschadet.«

Sie geht jetzt in die Küche und holt tatsächlich einen Teller mit Apfelkuchen, stellt ihn auf den Tisch.

»Es waren keine Ohrfeigen, Oma. Du hast mich mit dem Teppichklopfer geprügelt, mit einem Kochlöffel, mit allem, was wehtut.«

»Ich denke, du übertreibst!« Oma sieht mich nun böse an. »Das waren andere Zeiten damals. Du glaubst gar nicht, wie viel Schläge wir als Kinder bekommen haben. Sogar in der Schule, mit einem Rohrstock auf die Finger. Das hat vielleicht wehgetan. Wir haben es aber auch überlebt, und glaub mir, es hat uns sogar gutgetan. Wir sind wenigstens gut erzogen gewesen.«

»Ich will nicht über dich sprechen!«, unterbreche ich sie ungeduldig. »Es geht um mich und um ein ganz spezielles Thema. Du hast mich auch geschlagen, weil du nicht wolltest, dass ich sage, was bei Heinz passiert.«

»Bist du deswegen gekommen?«

»Ja, ich habe so viele Fragen. Ich möchte wissen, warum du das mit Heinz zugelassen hast? Du hättest mir helfen müssen, und Heinz hätte vor Gericht gehört. Er war ein gottverdammter Kinderschänder.«

Oma ist jetzt ganz ruhig. Sie scheint durch mich hindurchzulächeln. Sie sitzt da in ihrer schwarzen Hose und dem roten Strickpullover und sieht tatsächlich wie weggeschaltet aus dem Fenster. So als ginge sie das Ganze hier nichts an.

Aber so leicht gebe ich nicht auf.

»Warum hast du das zugelassen?«, frage ich wieder.

»Sag mal, möchtest du wirklich keinen Kuchen? Der ist lecker. Ich habe ihn selbst gebacken. Gestern war Inge da, und wir haben es uns gemeinsam schmecken lassen.«

»Mich interessiert dein Kuchen nicht, lass mal«, falle ich ihr barsch ins Wort.

Ich bin wütend. Ich brauche endlich eine Antwort. Sie ist wichtig für mich, nicht zuletzt, um gesund zu werden.

»Oma, bitte sage mir, warum du immer weggesehen hast?«, versuche ich es dann auf die sanfte Tour. »An die Schläge erinnerst du dich genau. Du hast nicht vergessen, wie oft du mich grün und blau geschlagen hast. Aber darum geht es nur in zweiter Linie. Es geht um Heinz und seine brutalen Schweinereien.«

Oma lässt mich daraufhin einfach sitzen und läuft in die Küche. Ich höre das Klappern von Geschirr, das Öffnen des Kühlschranks. Was soll das?

Dann steht sie mit einem Tablett vor mir. Zwei Kaffeetassen stehen darauf, Kuchenteller, Besteck.

Ich glaube es nicht. Sie funktioniert unsere erste Begegnung nach langer Zeit zu einem gemütlichen Kaffeekränzchen um, während ich auf eine Aussprache dränge.

»Hier, nun nimm doch ein Stückchen, der Kuchen schmeckt.«

Unbeirrt stellt sie mir Teller und Tasse hin und schenkt den Kaffee ein.

»Nun iss mal, du kannst etwas auf den Rippen gebrauchen. Du bist so dünn geworden, richtig mager.«

»Ich bin nicht mager. Oma, ich will eine Antwort!«

»Du, die Evi, die freut sich so. Sieh mal, sie ist die ganze Zeit bei dir. Nun nimm sie doch einmal hoch.«

»Oma!« Ich schreie jetzt fast. Aber sie sieht nur kurz erschrocken hoch. »Die Evi ist so süß ... Was macht denn dein Freund? Das ist ein netter Junge. Ich mag ihn sehr«, plaudert sie mit gesenktem Kopf weiter, als wäre nichts geschehen.

Es hat keinen Sinn. Sie redet nicht. Es ist ihr egal, wie es mir geht. So wie es ihr immer egal war, was mit mir passierte. Es tut weh, dass sie mir nicht einmal jetzt helfen will. Ich komme mir fast schon dumm vor dafür, dass ich überhaupt diese Idee hatte, hierherzukommen.

»Ich gehe, Oma!«

Ich stehe abrupt auf, streichle Evi noch kurz über den Kopf, und dann bin ich schon raus aus der Wohnung.

Im Flur laufen mir die Tränen. Ich bin so maßlos enttäuscht. Hätte sie nicht wenigstens einmal im Leben wirklich für mich da sein können?

Auf der Fahrt nach Hause geht mir unser merkwürdiges Gespräch nicht mehr aus dem Kopf. Ich denke auch an Inge, mit der sie erst gestern Kaffee getrunken hat. Inge ist ihre Jugendfreundin, sie waren damals anscheinend ein Herz und eine Seele. Ich wusste nicht, dass die beiden sich noch sehen. Denn eigentlich haben sie sich in den letzten Jahren nicht besonders gemocht, jedenfalls hat sich Oma nicht nur positiv über sie geäußert. »Die ist neugierig und redet mir zu viel«, hat sie mehrmals gesagt.

Ich weiß, wo Inge wohnt, und mir kommt der Gedanke, dass ich mich mit ihr unterhalten könnte. Vielleicht hat Oma ihr ja mal etwas über Heinz erzählt.

Ich will eine Antwort, unbedingt. So schnell wie möglich, wenn es geht, gleich. Ich habe schließlich lange genug gewartet.

Und ich habe Glück. Inge ist zu Hause.

Sie ist das genaue Gegenteil von Oma, groß, schlank, mit kurz geschnittenen grauen Haaren. Als sie mich sieht, strahlt sie sofort.

»Diana, wie schön, komm doch rein«, sagt sie freundlich und hält mir die Eingangstür auf. Solange ich denken kann, lebt sie schon in diesem Haus. Ihren Mann kannte ich gar nicht. Er ist früh verstorben. Ich hatte aber auch nie viel Kontakt zu Inge. Obwohl sie immer mal wieder zwischendurch bei uns gewesen ist. Aber egal, ich will versuchen, bei ihr etwas mehr Klarheit zu bekommen.

Nach Small Talk über David, unsere tollen Reisen und ihren Zipperlein komme ich schnell zur Sache.

»Ich war bei Oma«, sage ich.

»Ich auch, erst gestern. Es geht ihr gut«, erwidert Inge.

»Ja, sie hat erzählt, dass du da gewesen seist. Inge, ich brauche eine Antwort. Ich mache eine Therapie!«

»Warum das denn?«

»Ich bin missbraucht worden!«

Innerlich jubiliere ich, während ich die Wahrheit ausspreche. Laut, direkt, offen. Ich kann nun sagen, was sich all die Jahre in mich hineingefressen hat.

Ich schaue aus dem Fenster, schließe die Augen und bin in diesem Moment unendlich stolz auf mich.

»Danke, liebe Frau Wagner«, flüstere ich leise vor mich hin. »Ihnen habe ich das zu verdanken.«

Schnell wende ich mich dann wieder Inge zu.

»Ja, du hörst richtig. Ich bin missbraucht worden!«

Ich wiederhole das Wort fast schon triumphierend. Wer nicht selbst Opfer ist, kann nicht wissen, wie bedeutsam es ist, den Horror auszusprechen und beim Namen zu nennen.

Inge ist sichtlich schockiert.

»Das ist ja furchtbar«, murmelt sie, und einen Moment lang herrscht Schweigen. Sie sieht zu Boden, nestelt nervös an ihrem Kleid herum.

Plötzlich steht sie auf, geht unruhig im Zimmer auf und ab. Sie atmet schwer. Weiß sie mehr, als ich denke?

»Inge? Was ist los?«, frage ich nach.

Inge sieht zu Boden.

»Weißt du, ach ...« Sie zögert. »Ich weiß gar nicht, ob ich darüber sprechen darf.«

»Worüber? Los!«, versuche ich, es ihr leichter zu machen.

Inge setzt sich jetzt zu mir aufs Sofa. Es fällt ihr schwer zu sprechen. Eine Zeit lang starrt sie nur geradeaus.

Dann sieht sie mich an.

»Weißt du, deine Oma ist selbst auch ein Opfer. Ihr Vater hat sie ebenfalls missbraucht. Sie hat es mir einmal, als es ihr sehr schlecht ging, verraten, und ich habe seitdem ganz oft daran denken müssen ...«

Diese Nachricht habe ich nicht erwartet. Ich bin sprachlos.

Es vergeht viel Zeit, bevor ich darauf reagieren kann.

Ich nehme Inges Hand, sie ist knochig und ganz kalt.

»Das tut mir so leid. Ich hatte keine Ahnung. Willst du mir davon erzählen?«

Inge schüttelt den Kopf. »Nein, nein, lass mal. Es ist lange her, und es waren andere Zeiten. Ich will das nicht mehr alles aufwühlen. Es ist vorbei. Der Täter ist längst tot, und ich möchte nicht in der Vergangenheit kramen.«

»Hat Oma nie weiter darüber gesprochen?«, frage ich jetzt und hoffe, dass meine Stimme ganz sanft klingt. Ich will Inge jetzt um Himmels willen nicht aufschrecken.

»Deine Oma hat mir nur ein- oder zweimal davon erzählt. Aber ihr Vater muss ganz besonders schlimm gewesen sein. So schlimm, dass sie es nie wirklich in Worte fassen konnte. Es waren nur wenige Andeutungen, und die waren schon schrecklich genug. Ich glaube übrigens, selbst ihr Gerd wusste nichts davon.«

Inge wischt sich jetzt schnell ein paar Tränen aus dem Gesicht. »Deine arme Oma, sie hat damals furchtbar gelitten. Irgendwann ist sie abgehauen. Ich war da schon verheiratet. Sie hat dann Gerd, deinen Großvater, kennengelernt. Deine Oma war einfach nur froh, aus dieser Hölle zu entkommen.«

Inge lehnt sich zurück. Sie ist kreidebleich. Ich mache mir Sorgen, dass das alles für sie zu viel wird.

»Komm, lass gut sein. Du musst nicht mehr davon erzählen«, beruhige ich sie. »Du hast ja recht, es ist alles viel zu lange her.«

Ich nippe am Kaffee, den sie gebracht hat, und drücke sie kurz an mich.

»Weißt du, Inge, eine Frage habe ich aber noch. Hat Oma nie Hilfe bekommen? Haben alle weggesehen?«

»Ich weiß es nicht. Manchmal denke ich, es war doch alles so offensichtlich und jeder hätte es sehen können. Aber dann glaube ich wieder, ihr Vater war geschickt und hat alles geheim gehalten ... Wir Mädchen waren damals aber auch anders erzogen. Wir hätten uns jedenfalls nie getraut, darüber zu sprechen. Damals nicht. Heute ist es vielleicht anders.«

Ich schüttle den Kopf.

»Nein, Inge, heute ist es noch genauso. Niemand will sich den Mund verbrennen und darüber sprechen. Also schauen alle weg. Ich war viele Monate in Therapie. Ich weiß, worüber ich spreche. Missbrauch findet überall statt, und niemand hilft den Kindern. Damals nicht und heute auch nicht.«

Inge sieht mich betroffen an.

»Diana, du machst das klasse. Du gehst offen damit um. Das ist gut. Mädchen wie deine Oma haben sich nie getraut, das Unfassbare auszusprechen.«

»Ich versuche es«, sage ich und bin stolz, es so weit geschafft zu haben.

»Sag mal, Inge, noch etwas, wirklich als Allerletztes. Wenn Oma auch ein Opfer war, dann konnte sie ja vielleicht gar nicht anders? Sie hat gelernt, sich wegzuschalten. So hat sie es als Kind gemacht, und so hat sie es als Erwachsene getan. Es ist das Muster, nach dem sie lebt, bis heute.«

Inge ist nachdenklich geworden.

»Ich bin keine Therapeutin. Aber schlüssig klingt das schon«, gibt sie zu.

Zum Abschied drücken wir uns ganz fest, und ich winke ihr dann von der Straße aus noch einmal zu.

Auf dem Nachhauseweg geht es mir schlecht, richtig schlecht. Die schlimmsten Bilder drehen sich in meinem Kopf.

Ich sehe Heinz, sein fratzenhaftes Gesicht. Ich sehe Hände, Geschlechtsteile. Meine Hände beginnen zu jucken. Ich muss sie waschen, ganz schnell. Der Speichel läuft mir im Mund zusammen.

Bitte nicht schon wieder. Aber ich kann das Würgen nicht zurückhalten.

Ich steuere den nächsten Parkplatz an und muss mich übergeben. Mein Gott, nimmt das denn nie ein Ende?

Als es mir etwas besser geht, rufe ich Frau Wagner an. Ich brauche einen Termin, ganz dringend. Sonst halte ich das nicht aus. Ich will um Himmels willen keinen Rückfall.

***

Nach Inges Gespräch kommen die Ängste besonders massiv zurück. Ich fürchte mich schon lange im Dunkeln, gehe nie allein raus, wenn es Nacht wird.

Doch jetzt kommen viele neue Ängste dazu. Ich habe Panik vor lauten Geräuschen, lauter Musik.

»Manchmal löst eine Angst die vorherige ab, manchmal kommen auch neue dazu«, erfahre ich von meiner Therapeutin. Ich muss immer wieder solche Situation aushalten, mich ihnen stellen, vermutlich lebenslang.

Wirklich wohl fühle ich mich nur zu Hause. Meine Wohnung ist mein Schutzraum. Deshalb darf auch künftig niemand hinein. Außer David.

Ich will die mühsam hochgezogenen Wände nicht niederreißen. Das darf nicht passieren. Denn dann bin ich schutzlos ausgeliefert.

Kapitel 14

»Ich bewundere dich. Du sprichst aus, was ich mich nicht traue!«

»»Endlich gibst du uns allen eine Stimme! Ich kann gar nicht sagen, wie dankbar ich dir bin!«

»Ich weiß nicht, ob ich es jemals schaffe. Aber ich träume davon, eines Tages so viel Mut wie du zu haben.«

Ich bin baff. Auf meiner Facebook-Seite bekomme ich jede Menge Kommentare. Sie sind durchweg positiv.

Es schreiben mir fast ausschließlich Frauen. Die älteste ist Ende siebzig, die jüngste gerade 16 Jahre alt. Einige schreiben offen unter ihrem Klarnamen, andere anonym. Aber uns alle verbindet ein Thema: Wir sind Missbrauchsopfer.

Diese Zuschriften sind die überwältigende Resonanz auf einen Zeitschriftenartikel. Ja, ich habe alles erzählt, sogar öffentlich. Und ich mache weiter. Die Offenheit ist Teil meiner Therapie.

»Stehen Sie zu Ihrem Leben, akzeptieren Sie es«, hat mir Frau Wagner, meine Therapeutin, geraten, und ich habe das umgesetzt. Ich sage nun ganz offen, was mir passiert ist. Denn auch ich bin ein Opfer.

Jemand, der überfallen worden ist, schämt sich dessen auch nicht. Aber ein Missbrauchsopfer versteckt sich, leugnet die Folgen, verkriecht sich in seiner Not. Das will ich nicht mehr.

Ich habe mein ganzes Leben lang geschwiegen, konnte nicht einen Satz über mein Leid über die Lippen bekommen. Ich musste erst viele Stunden Therapie hinter mich bringen, bevor ich die Kraft hatte, in Worte zu fassen, was man mir antat.

Den Täter kann ich jetzt nicht mehr zur Rechenschaft ziehen. *Schade.*

Als Kind vermochte ich es nicht. Aber heute, als Erwachsene, hätte ich ihn vor Gericht gebracht. Doch er ist tot. Es gibt niemanden mehr, der angeklagt werden kann.

Aber ich habe gelernt, mich nicht länger selbst anzuklagen. Denn ich bin das Opfer. Ich habe schlimmste Gewalt erlebt. Niemand muss mehr dafür büßen. Und ich will es auch nicht. Ich will nicht als Einzige weiter darunter leiden. Deshalb mache ich genau das, was mich von den Schatten der Vergangenheit befreit, das, was mir nach Ansicht der Experten guttut.

»Sprechen Sie darüber. Kommen Sie aus Ihrer Ecke. Gehen Sie offensiv mit Ihrem Leid um!«

Genau das tue ich. Als eine Journalistin von meiner Geschichte erfuhr und fragte, ob sie einen Artikel schreiben dürfe, habe ich sofort Ja gesagt.

Der Artikel hat viel in Bewegung gesetzt. Auf Facebook gepostet, hat er mir diese zahlreichen zustimmenden Kommentare beschert.

Ich habe mich dadurch bestätigt gefühlt. Im Ort kennt man mich jetzt. Ich werde sogar auf die Veröffentlichung angesprochen.

Vor Kurzem, ich war gerade beim Einkaufen, haben mir zwei Frauen gesagt, dass ich stolz auf mich sein könne.

»Ich wünschte, auch andere Frauen hätten diesen Mut«, meinte die eine. Und die andere sagte: »Ich werde in Zukunft besser hinsehen, wenn ein Kind weint.«

Es war schön, das zu hören.

Aber auch meine Familie hat sich gerührt. Papa stand weinend vor der Tür. »Ich habe das alles nicht gewusst, glaube mir«, hat er gesagt. Er war sichtlich angegriffen.

Ich glaube ihm. Er hat es nicht gewusst. Aber er hätte es wissen können, wenn er sich mehr für mich interessiert hätte.

Als ich meine Eltern ein paar Tage später besucht habe, hat meine Mutter weniger emotional reagiert. Sie macht sich mehr Sorgen um unseren Ruf als Familie.

Noch bevor sie mich begrüßte, platzte es schon aus ihr heraus: »Was sollen denn die Leute denken?« Das war ihre größte Sorge.

Ich konnte sie ihr nehmen. »Darüber musst du dir keine Sorgen machen«, habe ich geantwortet. »Es weiß nun sowieso jeder im Dorf, was los war. Glaube mir.«

Denn nach meinem Artikel bröckelte langsam die Front des Schweigens. Eine ehemalige Nachbarin hat mich im Park gesehen und sofort zur Seite genommen. »Ich weiß, dass Heinz so etwas gemacht hat. Es haben mich immer wieder Frauen darauf angesprochen, ob ich mal etwas beobachtet hätte ...«

»Und, hast du?«, habe ich sie gefragt. Aber sie hat nur den Kopf geschüttelt und dann hinzugefügt: »Zumindest nichts Eindeutiges. Aber ein paarmal hat er dich geküsst, immer ein bisschen zu nah am Mund. Das kam mir merkwürdig vor. Doch ich wollte mir nicht den Mund verbrennen.«

»Sich nicht den Mund verbrennen« – diese Redewendung habe ich oft gehört. Von einer ehemaligen Arbeitskollegin meiner Oma, der immer mein ungewöhnlich stilles und in sich gekehrtes Wesen aufgefallen war – sie hat Oma geraten, sie solle mal genau hinsehen, da stimme wohl etwas nicht.

Aber konkret gesagt hat sie nichts, sie wollte sich ja »den Mund nicht verbrennen«. Und mein damaliger Arzt? Und der

Klinikarzt? Wollten die sich auch alle nicht den Mund verbrennen?

Das ist alles so unendlich traurig.

***

»Dann viel Glück. Im Sommer geht's los!« Vor mir steht der Personalchef einer kleinen Getränkefirma und streckt mir die Hand entgegen. Ich schlage gern ein.

»Ich freue mich auch!«, sage ich, und mein Herz macht einen Riesensatz. Ich habe endlich wieder einen Job. Nach fast zwei Jahren Reha-Maßnahmen und Wiedereingliederungskursen soll ich langsam wieder lernen, den Arbeitsalltag durchzustehen. Ich freue mich so sehr.

Ich glaube nicht, dass ich noch einmal acht Stunden am Tag arbeiten kann. Da spielt mein operierter Rücken nicht mit. Ich darf im Moment acht Stunden in der Woche arbeiten. Aber es ist ein Anfang, und ich bin dafür dankbar.

Wenn alles gut geht, soll ich irgendwann einen Halbtagsjob ausüben können. Damit wäre ich schon sehr zufrieden.

Mein größter Wunsch, eine Umschulung, wird sich mit meinen Voraussetzungen im Moment nicht erfüllen. Schade. Ich hätte gern noch einmal etwas ganz anderes gelernt. Aber jetzt gibt mir noch niemand eine Chance dazu.

Ich kann erst einmal im Büro arbeiten. Wenn es klappt, versuche ich es erneut mit der Umschulung. Ich möchte nicht lebenslang als ungelernte Kraft tätig sein, sondern den Bürojob von Grund auf erlernen. Irgendwann klappt das. Ich weiß es und werde nicht aufgeben.

Angesichts meiner eingeschränkten Gesundheit hat sich die Hartnäckigkeit ja schon ausgezahlt. Die Krücken werde ich zwar noch lange brauchen, Wanderungen sind nicht möglich.

Aber ich kann in der Stadt wenigstens zum Einkaufen gehen oder ein bisschen durch den Park bummeln. Das klappt ohne Probleme.

Meine Beziehung mit David läuft super. Wir sind ein Dream-Team, verstehen uns prächtig und machen alles zusammen. Obwohl es für David nach wie vor nicht leicht ist, an meiner Seite zu leben. Die Krankheit, die Familienprobleme, der ganze Ballast der Vergangenheit. Ich frage ihn oft, warum er das alles mit mir durchstehen wolle.

»Ich liebe dich einfach, es gibt keine andere Erklärung« ist jedes Mal seine Antwort.

Bei unserem letzten Gespräch wollte ich dann noch wissen, was er denn besonders an mir liebe.

Seine Antwort hat mich überrascht: »Dass du eine so starke Frau bist. Es gibt nicht viele Menschen, die durchstehen, was du erleben musstest.«

Der Satz war wie ein Geschenk.

Wenn David mich so sieht, dann bin ich auf einem richtig guten Weg, mit mir, mit ihm, mit meiner Arbeit, mit allem.

Wenn alles klappt, fliegen wir im Herbst nach Kuba. Ich mache mir immer noch nicht so viel aus Reisen. Mein Waschzwang, meine Ängste vor Menschen, vor Enge, all das ist ja geblieben, und eine Reise bedeutet immer viel Stress für mich. Aber ich weiß, dass David gern wegfliegt, je weiter, desto besser. Und ich gönne ihm diesen Spaß, also reiße ich mich zusammen, nehme für den Flug Beruhigungsmittel – und beginne den Urlaub, indem ich erst einmal fleißig unser Zimmer putze.

Ich weiß, dass die gemeinsam verbrachten Urlaubstage uns noch enger zusammenschweißen. Wobei ich unsicher bin, ob das überhaupt noch möglich ist.

Ach ja: Im Sommer fahren wir in die Provence!

Es ist mein Wunsch. Ich möchte einmal durch die herrlichen Lavendelfelder fahren.

Meiner Therapeutin, Frau Wagner, habe ich schon davon erzählt.

»Na, jetzt wollen Sie es aber wissen«, hat sie gemeint und es dann gutgeheißen. Ich soll mich ja mit dem konfrontieren, was mich belastet.

Der Geruch von Lavendel dürfte danach kein Problem mehr sein. Das Risiko eines Rückfalls sehe ich jedenfalls nicht. Die Provence ist einfach zu schön – und große, starke Mädchen schaffen alles!

Impressum

Diana Volkmann mit Andrea Micus
Lavendelmädchen
Der Kampf um mein Leben nach dem Missbrauch
ISBN: 978-3-95910-209-4

Eden Books
Ein Verlag der Edel Germany GmbH

www.edenbooks.de | www.edel.com
2. Auflage 2019

Projektkoordination: Kathrin Riechers
Lektorat: Dr. Matthias Auer
Umschlaggestaltung: Buchgut, Berlin
Umschlagfoto: © altanaka – stock.adobe.com
Autorenfoto: © MPR / Micus Gutsche, www.kreativ-studio-gutsche.de
Layout und Satz: Datagrafix GSP GmbH, Berlin | www.datagrafix.com
Druck und Bindung: GGP Media GmbH, Pößneck

Printed in Germany.

Dieses Buch ist auch als E-Book erhältlich.